Stock 2 regroupe sept collections : « Lutter », « Vivre », « Témoigner », « Dire », « Penser », « Voix de femmes ». « Étranger », où sont déjà parus plus de 100 titres.

Déjà parus dans la collection « Lutter »

Amis de la terre, *L'Escroquerie nucléaire.*
Assises du Socialisme, *Pour le socialisme.*
Belmont Charles, *Histoire d'A.*
Boulin Bertrand, *La Charte des enfants.*
Cardonnel Jean, *L'Insurrection chrétienne.*
Cauwet J., Demesse N., Fischer R., Persuy A., *France ta forêt fout le camp.*
Cuau Bernard, Zigante Denise, *La Politique de la folie.*
Ennuyer Bernard, Troude Michèle, *Il y a toujours des hospices de vieux.*
Gandhi, *Ma non-violence.*
Gavras Costa, *État de siège.*
Jaubert A., Salomon J.-C., Ségal I., Weil N., *Guide de la France des luttes.*
Laborde Marie, *Locataires, défendez-vous.*
Lebel Jean-Jacques, *L'amour et l'argent.*
Piaget Charles, *Lip.*
Ribeaud Marie-Catherine, *Les Enfants des exclus.*
Socialisme et Entreprises, *Les Entreprises et la gauche.*
Sandrel Carole, *La Société contre l'enfant.*
Syndicat de la Magistrature, *Au nom du peuple français.*

Les collections de *Stock 2* sont dirigées par **Jean-Claude Barreau** assisté de **Betty Mialet.**

LA RUE EST MON ÉGLISE

Du même auteur

UN PRÊTRE CHEZ LES LOUBARDS.

Guy Gilbert

Prêtre éducateur

LA RUE EST MON ÉGLISE

Lutter/Stock 2

A toi, Jean-Paul II notre pape,
qui viens de l'Église du silence
et qui refuses de te taire.

A toi, Étienne Duval, mon « évêque de cœur »,
qui m'as appris en Algérie : l'Église.

A toi, François Marty, mon « évêque de chantier »,
qui as osé dire que Dieu n'était pas conservateur.

A vous, Mazouz, Nicolas, Jenny et Chelmi, Pedro,
Patrick, Gaby, Arnaud, Michel et Dominique, Robert, Jacques
et tous ceux et celles des rues du XIXe,
qui avez fait de moi l'homme et le prêtre que je suis.

A tous les anciens de Rougon
qui m'ont fait découvrir la « fête » !

A toi, Claude, « le chat »
qui m'as aidé à commencer ce livre.

A toi, Black,
qui dans ta case en Guadeloupe
m'as aidé à le terminer.

A toi, Alain,
qui par ton regard sur tes copains
m'as appris à évangéliser.

A mon père et à ma mère qui m'ont appris l'amour.

Appel et premiers combats

« Dis donc, ton patron Jésus a bien fermé sa gueule durant trente ans. Il l'a paraît-il ramenée trois ans, et on l'a tué. Pourquoi tout ça ? »

Comme résumé de catéchisme, on ne peut plus éloquent. Cette éloquence-là, elle avait jailli de la bouche d'un gars qui connaissait en gros la vie de Jésus. Rien à redire. C'était la vérité.

Pour moi, né à Rochefort-sur-Mer, je l'ai vécue bien différemment, cette vérité. Lorsque j'ai annoncé à mon père, à treize ans, que je voulais être prêtre, heureusement qu'il était assis, sinon il serait tombé sec par terre.

Particulièrement difficile parmi mes quinze frères et sœurs, rien ne laissait présager que j'allais avoir cette idée farfelue : être curé.

Mon père, parfois, s'arrachait les cheveux à la perspective de ce que j'allais devenir. Et puis ce soudain désir, « comme une envie de pisser », m'a dit mon père !

Ma vocation sacerdotale, je la dois, je crois, au fait d'avoir été formidablement aimé par mes parents. Et puis, pas un seul malade, pas un drame dans le quartier, sans qu'ils soient toujours présents, attentifs, prêts à aider.

On était pauvres ; mais on possédait la plus grande richesse possible : on était tous également aimés.

Leur amour m'a donné le désir d'aimer. Dieu a dû greffer là-dessus cette envie folle de lui offrir ma vie. Je ne l'ai compris que bien plus tard.

Mon curé m'ayant fait sauter deux ans de catéchisme, à cause de ma turbulence sur les bancs de l'église, je ne risquais pas d'aller lui annoncer ma soudaine et impérieuse vocation. J'allai donc avec mon père dire à un autre curé ce que je voulais faire.

J'entrai au séminaire en rêvant de devenir un curé de campagne entouré de poules et de lapins. Mon père ne manqua pas de dire au supérieur qui nous recevait que je rappliquerais à la maison dans les quinze jours qui suivraient. Trente et un ans après, je souris en pensant à tout ça. A quarante-quatre ans, je n'ai pas changé d'avis.

Et pourtant, ce ne sont pas les curés que nous avions au séminaire qui m'ont permis de garder le cap. Durs ou mesquins, peu portés sur l'éducation, sauf quelques-uns, ils étaient faits pour tout, sauf pour ça. J'en ai bavé, et très vite, je me suis payé d'innombrables tours de cour, chapelet en main, tournant en rond et en silence pendant les rares heures de récréation. Because : je parlais trop en étude ou sur les rangs.

L'arrivée de l'évêque était pour moi quelque

chose de merveilleux. L'amnistie, à chacune de ses visites au séminaire, me redonnait droit à la parole. Et puis mille facéties qui n'étaient pas toujours du goût de mes supérieurs. Joseph, le jardinier, m'ayant fait un coup de vice, il retrouva trois cents poireaux amoureusement piqués, replantés la racine en l'air. Je verrai toujours le supérieur, me fusillant du regard et me demandant, sur l'heure, de remettre les choses en place. Les poireaux furent replantés, séance tenante. Point n'était besoin pour le supérieur de chercher qui avait fait cela. Il disposait d'un service de renseignements remarquable, grâce aux petits cafeteurs qui fourmillaient. Et puis ma renommée !

Un climat fermé, des messes à gogo : solennelles, simples, demi-simples, des oraisons à n'en plus finir, des marches à pied le jeudi, trente kilomètres pour éviter les tentations contre la pureté... Tout cela entraînait un climat d'hypocrisie certain et une piété toute relative. De plus, mes vacances étaient truffées de volets à demi ouverts derrière lesquels les bigotes du quartier fournissaient leur rapport au curé. « Vous avez fréquenté les jeunes filles ? » était l'accusation à laquelle j'avais droit à chaque retour de vacances.

« C'étaient mes sœurs », répondais-je invariablement à mes supérieurs. Comme j'en avais huit, il leur était difficile d'ergoter. On en restait toujours là.

Je ne me suis jamais laissé faire durant ces dix premières années de séminaire. J'étais souvent à la limite. Si je me maintenais au bord de la porte, j'avais découvert l'Évangile. Cela seul compta tout de suite. Effectivement, l'Évangile me fascinait.

Les Béatitudes, les Paraboles, mais surtout le vingt-cinquième chapitre de saint Matthieu :

« Quand j'avais faim, as-tu partagé ton repas avec moi ?

Quand j'étais étranger, m'as-tu ouvert ta porte ?

Quand j'étais en taule, es-tu venu me voir ?

Quand j'étais malade, m'as-tu apporté ton sourire ?

— Mais quand est-ce que je t'ai vu affamé, étranger, prisonnier, malade... ?

— A chaque fois que tu l'as fait au plus petit d'entre mes frères, c'est à moi que tu l'as fait », répondra Jésus.

Je relis toujours avec la même naïveté ce passage. Il m'a laissé pantois la première fois. Trente et un ans après, il me fout le feu au cul... avec la même jeunesse.

La guerre d'Algérie arriva pour moi. J'étais contre, même si j'avais été sensibilisé à cette guerre comme peut l'être le poisson d'un bocal par rapport à la rivière où il est né. Objecteur, mais « dedans », je partais. Des classes dures, parfois inhumaines... Notre caporal avait décidé de sanctionner les deux derniers arrivés de chaque vague d'exercices. C'était toujours le plus gros et le plus maigre qui étaient à la remorque. Avec un apprenti pasteur très sportif, nous avons décidé de stopper à quelques centimètres de la ligne d'arrivée et de passer derrière celui qui en avait trop et l'autre qui n'en avait pas assez. Ça valait un jour de vaisselle dans l'eau glacée à chaque fois. A vingt, le caporal, écœuré, laissa tomber. Premiers combats, mais pas inutiles.

Vidé très vite de la compagnie des « cracks » (étudiants, futurs curés, fils de famille), je me retrouvai dans une compagnie disciplinaire où les fortes têtes voisinaient avec les Arabes. Je me sentais, dans ce nouveau milieu, heureux, sans savoir pourquoi. Et pourtant, au moindre prétexte, faire dix pompes avec le fusil à l'intérieur des bras, sur un sol archigelé, qui nous arrachait la peau des mains à la troisième traction, ça n'apporte pas franchement le bonheur.

Le combat continuait. J'avais choisi, par hasard, d'être infirmier. Accidenté au parcours du combattant, j'avais attendu deux heures debout à la porte de l'infirmerie, avec un coude gros comme une pastèque. Les infirmiers passaient, inactifs et à moitié pleins, plaisantant sur mon coude, et me ripostaient à chaque fois que je leur disais ma douleur : « Chacun son tour. Attends comme les autres. » J'étais seul. Guéri, je demandai d'être affecté à l'infirmerie. Après un patient travail, je faisais vider par le médecin capitaine cette bande de bouchers ripailleurs et ivrognes qui bouffaient le repas des malades et les soignaient à coups de piqûres assenées sur nos fesses servant de bancs d'essai.

L'Algérie arriva. Je pensais quitter la route du sacerdoce. J'avais pendant dix ans lu, écouté, chanté l'Évangile. Je l'avais trouvé beau, très beau. Mais très vite, le décalage formidable entre sa lecture et ce que je voyais de la vie de la majorité de nos maîtres m'apparut considérable. L'Évangile parlait d'un homme ouvrier qui parcourait le pays avec une bande d'amis. Ils partageaient tout ce qu'ils avaient, soignaient, guérissaient les malades. Lui, racontait des histoires qui parlaient d'Amour, de Libération. Moi je vivais enchaîné, prisonnier d'un règlement souvent absurde, mesquin, où on était foutu à la porte parce qu'on se trouvait à deux à discuter dans une piaule...

La joie qu'on me disait de vivre n'était pas sur le visage de ceux qui me guidaient. J'avais décidé d'arrêter là les frais. Je profitai du départ en Algérie. Le choc fut immédiat, décisif. C'était un deuxième souffle dont je vis toujours aujourd'hui.

Infirmier dans le djebel, je soignais des centaines d'Algériens, coincés dans cette guerre inhumaine, parqués dans un village, regroupés dans un marécage. L'eau, l'hiver, envahissait les gourbis. La promiscuité, les maladies, les arrestations, la faim, tout était réuni pour fomenter la révolte et la haine. De plus, la torture était pratiquée, en douce, bien sûr. Une nuit, des hurlements lointains me réveillèrent. J'allai, guidé par ces cris inhumains. Dans une hutte, un sergent torturait à l'électricité un berger arrêté par hasard et susceptible, de toute façon, de donner des renseignements. Je sautai sur le gradé ; résultat : embarqué dans la nuit pour le poste de police et... le lendemain, reçu par le colonel : « Vous êtes muté dans la compagnie la plus dure, ça vous formera. S'il vous arrive d'être tué, ça ne sera pas forcément d'une balle dans le front. » Attention délicate... pour me préciser que si je n'acceptais pas qu'on torture des prisonniers ou assassine des blessés, je pourrais mourir d'une balle dans le dos, tirée par un soldat français.

Je protestai très violemment, mais fus muté.

L'aumônier me souhaita bon courage avec des mines de pucelle effarouchée. Il kidnappa le rapport sur la torture que j'avais fait et ne le remit jamais au général. Il s'en alla faire sa partie de tennis, qui, à son avis, était essentielle pour sa ligne.

Moi, je maigrissais à vue d'œil, n'étant pas, pendant plusieurs mois, relayé à chaque retour d'opération par un autre infirmier. Je me tapais vingt kilos de trousse d'infirmier dans des marches allant jusqu'à quarante ou cinquante kilomètres par jour sous un soleil torride.

A ce rythme-là, on me ramassa au cours d'une opération, six mois après, inconscient, sur la ligne Morris, près de la frontière tunisienne. J'étais mort de fatigue, tout simplement. Mais un moral d'acier. Et puis j'avais constaté, toujours avec l'apprenti pasteur et un militant communiste, mutés dans la même compagnie pour les mêmes raisons que moi, qu'on n'avait pas torturé ni achevé un seul homme pendant notre séjour dans la compagnie. Notre seule présence rendait l'homme plus humain. La force de notre trio faisait aussi, il faut le dire, chier dans son froc notre capitaine. Ça m'a donné pour le reste de ma vie le désir de combattre toujours, à l'intérieur, quoi qu'il arrive et quoi qu'on pense, avec tous ceux qui luttent pour la libération de l'homme. Et puis surtout j'avais découvert, à travers l'extraordinaire partage des Arabes que je soignais, l'Évangile vécu. Jamais je ne sortais d'un gourbi sans qu'on m'ait offert la dernière ration de couscous. Celle qui restait pour l'étranger. Je redécidai d'être prêtre ; et, par reconnaissance pour le peuple arabe, j'entrai à la fin de mon service au séminaire d'Alger.

Mes cinq années de théologie furent marquées par la guérilla dans les rues d'Alger entre le F.L.N., l'O.A.S., les barbouzes, etc. Un peuple se sentant abandonné devenait fou. Des séminaristes polycopiaient la nuit, dans leur chambre, des tracts appelant à la vengeance et au sang. J'ai assisté plusieurs fois à des meurtres à côté de moi. Je me souviens d'un ouvrier musulman, atteint d'une balle dans le dos, alors qu'il revenait de son travail. Agenouillé par terre, je le tenais dans mes bras. Il me suppliait de rester. « Ils vont m'achever », disait-il. Son sang coulait à fines gouttes sur ma soutane. Je reverrai toujours les pieds des gens, qui nous entouraient, silencieux. Ma soutane était le dernier rempart face à ces talons qui parfois achevaient le blessé sur place. Je suis resté jusqu'au bout, sans un mot. Il a été achevé à l'hôpital Mustapha.

Le cardinal Duval restait pour moi un des seuls phares qui illuminaient cette longue nuit de haine et d'incompréhension. Seul l'Évangile me faisait retrouver le cap de la paix, le combat pour les plus écrasés et celui de l'amour où personne n'est exclu.

J'ai été fait prêtre en 1965 à Alger.

Une nuit, la rencontre d'Alain quasi abandonné, poulbot des rues de Blida, la ville des roses où j'étais vicaire, fit tout bifurquer. M'occupant d'un groupe important de jeunes Blidéens passionnants mais nantis, je découvris à travers Alain ce qu'était un môme qui ne comptait pour personne. C'est lui qui me révéla, à travers ses appels répétés à aider ses copains, qu'il me fallait passer de lui à tous les autres si je voulais vraiment « évangéliser ». Je quittai l'Algérie en 70, pour vivre à Paris avec les jeunes de la rue.

L'amour rend libre

« N'avez-vous pas peur d'être récupéré ? » me demande-t-on. Je réponds qu'aimer permet de se sentir et d'être libre. Un regard fraternel, un cœur qui aime permettent de percer toutes les murailles et d'ouvrir toutes les portes. Je vais souvent voir les gars à la prison de Fleury-Mérogis. Petit à petit, les surveillants se sont mis à me respecter. Question d'un éducateur : « L'amitié des surveillants pour toi ne risque-t-elle pas de te gêner auprès des mecs ? — Non, car je ne fais partie d'aucun système, je fais simplement partie de cette immense cohorte de ceux qui veulent aimer, jusqu'au bout, totalement, absolument. »

Ce qui est fondamental pour moi, à Fleury, c'est de voir, rencontrer d'abord les mecs bien sûr, mais aussi les surveillants. L'amitié que je porte aux surveillants a des conséquences directes sur les mecs, ils me l'ont dit. Quand un surveillant-chef, considéré comme très sévère, appelle le lendemain de son retour de permission un gars de notre équipe, considéré comme très dur, pour simplement passer un moment avec lui et lui demander comment s'est passée sa permission, ce geste important, gratuit, me permet de penser que le lien amical entretenu avec ce surveillant n'était pas inutile. Le peuple de Dieu, c'est les prisonniers, c'est aussi les surveillants.

Publicité

Un homme de soixante-dix ans me dit un jour : « Tu es une goutte d'eau dans la mer. » Je lui réponds : « La mer est faite de gouttes d'eau. » Le danger de l'image télévisée, c'est de vous faire passer pour un héros, alors que je sais bien ce que je vaux. En même temps, la puissance de l'image, liée à la parole, peut changer le cœur et le regard. Jésus ne pouvait par sa voix atteindre que cinq cents personnes, il n'avait pas de micro ; aujourd'hui, il pourrait atteindre des millions de téléspectateurs.

Quand l'Église se souviendra que la télévision peut être un formidable moyen d'évangélisation, elle cessera de nous présenter des prêtres, des évêques, des cardinaux figés dans leur fonction, nés avec la Foi, sortis du vagin de leur mère en clergymen ou vêtements pontificaux. L'Église est vivante. Elle a besoin d'une annonce de l'Évangile vivante et dite en termes clairs, nets, exigeants, rigoureux, ne pouvant jaillir que d'une Vie, dont le cœur est le Christ. Elle a besoin aussi d'une humanité vécue dans les épreuves et dans la joie.

Jésus nous stupéfie par sa clarté, son humanité ; issue de trente ans de vie, vécue au ras des pâquerettes. Il n'avait pas de licence de théologie, encore moins de droit. Il n'aurait jamais imaginé, le pauvre, qu'on lui bâtisse des boîtes à évêques, ces séminaires romains dont sont issus, trop souvent, les évêques du monde entier. Ces sérails chloroformés, d'où sont issus tant de technocrates de l'Évangile, de la Pastorale d'ensemble, de la Catéchèse. L'Évangile annoncé par l'Église a besoin de vagabonds de l'amour et de l'espérance, d'apôtres qui, avant de parler, ont vécu durement et simplement.

Le pape et les « trésors de l'Église » : les pauvres

En voyant la tête de Jean-Paul Ier au balcon de Saint-Pierre dès son élection, j'ai ressenti un véritable choc. Le choc que peut ressentir quelqu'un d'amoureux. Amoureux de l'Église, bien sûr. Pensez ! Il avait l'air de se demander ce qu'il fichait là, sur ce balcon. C'était l'évidence. Il me rappelait d'autres images, celles-là tristes à en pleurer et sur le même thème, de l'élection : le visage d'un Giscard hilare et aphone, celui d'un Carter rayonnant jusqu'au ras des oreilles, à la minute de l'annonce de leur élection.

Ces visages chantaient la puissance enfin acquise à coups de sommes fabuleuses, de coups bas, de batailles sordides et sournoises, de combats fatricides où les amis d'hier deviennent les ennemis d'aujourd'hui et réciproquement.

Oui, je me réjouissais de ce visage, au sourire tout de suite rayonnant, qui perçait les ondes et criait d'humilité et de sincérité.

« Je suis là, disait-il, à mon corps défendant. Je

n'ai rien fait pour. Je succède à une longue lignée qui a reçu le pouvoir de diriger l'Église. Il faudra bien que je m'y fasse ! »

Il ne s'y est pas fait. Il en est mort, sans doute. On était allé chercher quelqu'un dont l'humilité était telle qu'elle l'avait écrasé. C'est seulement dans le royaume de l'éternité qu'il n'y a pas de charge écrasante. Jean-Paul Ier, lui, s'en est allé, humblement, dans la nuit, tout seul. C'était trop pour lui.

J'entendais à la télé, à la mort de Paul VI, un de ses amis personnels dire cette énormité : « J'étais l'ami du cardinal Montini, cela n'a plus été possible quand il a été nommé pape. »

Qu'est-ce que c'est que cette fonction qui déshumanise un homme au point qu'il ne peut plus avoir d'amis ? Si je me souviens bien, Jésus, jusqu'au bout, a eu mille amis ; certains l'ont trahi, c'est vrai, d'autres sont restés fidèles. Mais lui, le Fils du Père, a gardé l'amitié, jusqu'au bout.

Voilà les cardinaux, choqués mais remis, reprenant le travail des petits billets pour chercher l'oiseau rare. Là encore des noms splendides, se terminant trop souvent par « i », furent jetés en pâture...

Et qui nous arrive ! Un nom inconnu se terminant par A ! A, comme Aube ou Aurore. Surprise totale et enthousiasme tenace se succédèrent.

Il vient de l'Est ! Il n'est pas italien ! Il est aussi surpris que l'autre, quoique totalement différent. Il est fort, sportif, il a une voix à réveiller bien des sacristies et des habitués de tourner en rond.

Oui, l'Église est grande, quand elle confie à l'un de ses fils (sans qu'il le veuille souvent) la barre de

Pierre, une longue-vue, et un rétroviseur, tout ça baignant dans la lumière de l'Esprit-Saint.

Les mecs ont suivi tout ça, comme tout le monde... souvent comme un feuilleton (la fumée noire ou blanche leur inspirant l'idée du tabac brun ou blond !), se fiant d'abord à la gueule... « sympa le mec »... Un peu maigre, voix d'eunuque... Puis, « super le mec »... Il fait du ski. Il les a bien pendues (à cause de la voix), etc.

Avec l'arrivée de Jean-Paul II, l'avancée de l'Église est considérable, à la hauteur des espoirs de beaucoup. Mais je reste très réticent sur son type de vie, le sien et celui de ses prédécesseurs. Successeur des apôtres, mais surtout successeur du Fils de Dieu qui, lui, dormait un jour chez l'un, un jour chez l'autre, souvent par terre.

Que reste-t-il de l'extraordinaire pauvreté, dépouillement, de celui qui lui a permis d'être son vicaire ? C'est ma question essentielle ! C'est un peu ma hantise !

Ces jours derniers, les journaux s'ébaudissaient sur le côté sportif de notre pape. Un pape sportif c'est beau, mais une piscine donnant sur les appartements privés du même pape, ça fait penser au play-boy. C'est connu : les play-boys richissimes ont le devoir de sauter du lit dans l'eau de leur piscine, mais notre bon pape n'a-t-il pas le même nombril que les autres ? Serait-ce pour lui trop se mouiller que d'aller se baigner dans quelque piscine municipale de Rome ? Au début, ça serait l'émeute mais, semaine après semaine, un pape qui se mouille dans l'eau communale, ça serait chouette à mon avis ! Que pensent de cette piscine privée papale les pauvres qui ne peuvent envoyer régulièrement leurs gosses à la piscine de leur quartier faute qu'elle existe ? Et puis Sa Sainteté ne dormirait-elle pas mieux en sachant qu'elle a rejoint ses Romains dans un geste sportif, simple et à la portée de beaucoup, au lieu de la piscine de milliardaire qui n'évoque en rien Celui qui traînait ses sandales sur les routes de Galilée et qui se baignait dans le lac sans complexes et comme tout le monde ? Mais celui-ci s'appelait Jésus-Christ.

Pape... Idole... Vedette... monstre sacré. On me dit partout : « Ça avance. Il faut du temps pour les changements. » Oui, il faut du temps, pour l'application de Vatican II, mais absolument pas pour changer le train de vie du pape. Aujourd'hui, demain, il peut aller dormir, s'il le veut (il a tous les pouvoirs), dans un F3 d'un H.L.M. dans la banlieue la plus pourrie de ces chers Romains qu'il veut absolument rejoindre.

Aujourd'hui ou demain, il peut, au cours d'un voyage officiel, aller travailler, après avoir serré la cuillère dorée de tous les premiers d'un État pendant huit jours, dans une coopérative pour l'édification de laquelle des évêques, des prêtres sont assassinés en Amérique latine. Ce serait le meilleur moyen pour lui, en vivant de temps à autre quelques jours avec des pauvres, pour dire au monde que les esclaves existent toujours, que des terres sont volées, que des présidents sont les chefs des voleurs, qu'il est frère de tous, mais, d'abord, solidaire des volés, des écrasés, des piétinés.

C'est utopique, non !

Rien n'est utopique, en ce domaine. Rien n'est interdit quand on dit que les petits, les pauvres sont les trésors de l'Église. Les papes le disent à toutes les sauces.

Je pige bien ce qu'ils veulent dire, mais ils le disent mal. Jusqu'à maintenant, les trésors, on se les garde pour soi. C'est ça un trésor. On le garde, on le cache, c'est précieux.

Veut-on garder les pauvres dans l'Église, ou lutter pour chasser toute injustice, toute pauvreté ?

Comment les femmes de torturés et tués d'Argentine ont-elles vu M. Videla, bourreau et président d'Argentine, apparaître sur le petit écran, dans la cohorte des chefs d'État, saluant l'intronisation de Jean-Paul Ier au cours de la messe en Eurovision ? Quelle gifle à la face des chrétiens et des autres aussi ! Comme il aurait fallu courir chercher le plus grand criminel de la prison de Rome pour le placer à côté du colonel Videla. Ça aurait fait la paire et ça n'aurait en rien déparé !

Hélder Camara, l'évêque de Recife mondialement connu, reçoit à sa porte chaque personne qui frappe. Est-il utopique qu'un pape le fasse un jour ?

Ce même évêque, par ses prises de position éclatantes au service de la justice, s'est vu persécuté, « assassiné » par personne interposée ; son secrétaire a été abattu.

Plus un homme est loin, inaccessible, plus on veut le connaître, le voir, le toucher. Un homme proche, fût-il pape, on ne lui courrait plus après. Mais, ne serait-il pas plus proche du cœur de chaque être humain ?

Ainsi peut-être l'a été Jean XXIII dans le magnifique dépouillement de la souffrance et de l'agonie. « Le monde entier l'a veillé », a-t-on dit. C'est absolument vrai. Le pape, entouré d'un décor de maharadjah, n'était plus que quatre-vingts kilos de chair qui s'enfonçaient dans l'éternité. Il avait su percer le décor pour apparaître innocent, petit, à la hauteur de chacun ! Sa mort a magnifié tout ça.

Le décor extérieur du Vatican est celui d'une puissance reconnue, ayant nonce sur rue, une armée de gardes du corps, secrétaires, gens de cour, conseillers, etc. C'est pas celui de la pauvreté de l'Évangile.

Jésus se baladait avec douze pauvres cons, lourds, bouchés, sur les routes de Palestine, c'était ça son Vatican, sa cour, ses gardes du corps, ses nonces... Il a fondé l'Église avec ces douze qui sont devenus des apôtres, des martyrs, etc., et qui ont lancé l'Église d'aujourd'hui. Pouvons-nous rêver reprendre la route... les sentiers... de Jésus ?

Bien sûr, il y a des avions, des micros et tout ça, c'est nécessaire pour annoncer aujourd'hui la Bonne Nouvelle, mais pas forcément en première classe ni en avion privé. Pas forcément dans des messes pontificales où le ban et l'arrière-ban des puissants de la terre ceinturent le pape, laissant derrière les barrières tous les autres. Pas forcément avec un protocole dément, coupant l'essentiel des relations, sabotant le message, ni en survolant les Favelles pouilleuses et en les bénissant.

Les pauvres de tous les temps ont besoin d'apôtres dont ils authentifieront la parole grâce aux actes. La magie inspirée par les idoles est contraire à l'Évangile. Quand on a voulu le faire roi, Jésus s'est barré. Quand on le louait, l'acclamait, il renvoyait à son père. Enfin, quand on a su qu'il venait de Nazareth, on tombait sur le cul. D'où vient-il celui-là ?

Il ne vient pas de la Grégorienne, de la pépinière des évêques du monde, les grosses têtes, les gens pas cons, aux diplômes assurés, qui feront les technocrates futurs de l'Église. Il n'est pas issu de telle grande famille qui donne des prêtres depuis des siècles. Il vient d'une pauvre femme, passant dans les rues de Bethléem, criant qu'elle voulait accoucher de son petit quelque part. Partout rejetée, elle l'a mis dans la paille... le seul endroit chaud, réservé aux bêtes, l'hiver. Voilà d'où il vient ! Qu'avons-nous fait de lui ?

Solidarité d'Église et prière

L'archevêque d'Alger, Mgr Duval, nous disait souvent, alors que nous étions séminaristes : « L'amitié sacerdotale est le huitième sacrement. » Si nous avons balancé notre vie au service de Jésus-Christ, cela ne nous donne aucune priorité, aucune prérogative, mais seulement une solidarité à toute épreuve. Un meilleur respect des dons de l'autre et de son insertion dans le milieu où l'Église nous envoie. Je l'ai appris au fil des jours ; que de critiques stériles, sur la tâche de l'autre ! Quel temps perdu à comptabiliser nos différences, alors que, mises en commun, nos missions de service risquent d'être amplifiées et renforcées. Nous considérons, trop souvent, en France, nos différents ministères comme un champ de bataille, où, bien sûr, le dernier qui a parlé se considère comme le maître du terrain.

J'ai découvert ça au cours d'une réunion. Le vicaire d'une cathédrale expliquait longuement sa pauvreté, son insatisfaction face à des gens qui passaient dans son église, consommant apparemment les vitraux ou autres merveilles, achetant des cierges et rarement lui demandant un sacrement, ou un entretien spirituel.

Perdu dans cette foule, qui semblait ignorer jusqu'à la présence de Jésus-Christ en ces lieux, le vicaire disait son désarroi. Un prêtre renommé pour ses positions avancées se leva alors et l'interpella violemment et, en trois mots, lui signifia à peu près ceci : « Tu te noies dans un crachat de mouche, tout ça, c'est périmé et ridicule ! »

C'est alors que je me suis levé pour dire mon profond désaccord, face à ce prêtre déchiré par un peuple qui l'écartelait. J'ai dit que j'étais un riche ; que face aux mecs et aux filles de la rue avec lesquels je vis, mon ministère s'unifie, que j'estimais avoir de la chance, et que peut-être ce matin-là, le pauvre et le petit, ça devait être ce vicaire, qui accomplissait une tâche que je n'aurais jamais pu faire.

Un aumônier disait un jour : « Il n'y a que dans et par l'Action catholique que l'Église évangélise. » Je lui ai répondu : « Les pauvres cons qui travaillent, comme moi, dans la rue, c'est quoi, pour toi, dans l'Église ? » N'ayant pas de sigle à présenter à l'Église (par exemple l'A.C.L. : l'Action catholique des loubards), refusant de faire entrer les mecs et les filles de la rue dans une Église dont ils ne voudraient pas d'ailleurs, je me situerais donc comme un marginal dans l'Église, aux yeux de certains. Je me sens en plein dans l'Église d'aujourd'hui. Je refuse d'être vu comme un prêtre marginal : j'appartiens à cette Église au même titre que d'innombrables apôtres de Jésus-Christ travaillant dans des chantiers différents et multiples. A partir du moment où nous sommes envoyés par l'évêque, quelle que soit notre mission, nous avons besoin du regard fraternel de nos frères dans le sacerdoce.

Je crois à l'Action catholique, mais je ne pense pas qu'on puisse enfermer les jeunes de la rue dans ce qui serait pour eux un bastion, quelque chose qui casserait leur liberté, et leur éveil à Jésus-Christ. Ils sont absolument aptes à reconnaître la présence de Dieu en eux, et dans le monde. Leur type de vie et de pensée ne leur permet pas d'entrer dans une ligne autre que celle de l'amitié, vécue au jour le jour, de la lutte à leur côté. Ils peuvent entrevoir un jour que cette lutte s'inscrit, non pas individuellement, mais dans un combat à l'échelle du monde. Ils ont trop de problèmes immédiats, et une soif immense de personnalisation, pour, durant longtemps, ouvrir leurs yeux à l'universel.

Ils n'abordent le monde ouvrier que marginalement, sautant d'un travail à un autre (quand ils bossent), ce qui les met hors du combat ouvrier pendant longtemps. Syndicats, prud'hommes, etc., sont pour eux des vues de l'esprit.

Si le patron ne leur plaît pas, ou les paie mal, ils lui cassent la gueule, ou mettent, un soir, sa vitrine en pièces, quand ils ne font pas le coffre-fort de l'usine ; c'est leur façon instinctive, je dirais sauvage, de lutter contre les injustices dont ils sont victimes. Inutile de dire que ça se retourne inévitablement contre eux. Ils sentent bien qu'ils sont rejetés de partout. Monde bourgeois et ouvriers les renient.

Ma solidarité d'Église prend parfois une tournure cocasse. Laissez-moi vous raconter cette bonne histoire :

Un matin, un des vicaires de l'équipe sacerdotale du XIXe dont je fais partie arrive affolé à la permanence : « On m'a volé ma Mobylette cette nuit. » Je lui réponds de ne pas s'inquiéter et j'enquête aussitôt discrètement. Parmi les hordes matinales qui nous assaillent, il devait y avoir un mec au courant. Effectivement. Brièvement, je le mets au parfum : « T'as piqué la Mob de mon pote le curé, ça ne se fait pas. — O.K., me répondit-il, je lui rends. » Le gars l'avait déjà désossée dans la nuit. Il reconstitue les morceaux et la met en marche pour aller la rendre. Il constate que le moteur n'en pouvait plus. Qu'à cela ne tienne ! Il repère très vite une Mobylette neuve du même type, en vole le moteur et le met à la place de l'autre. Pour faire bon poids, il pique deux sacoches neuves et fait porter la Mobylette à l'église de mon copain, mais pas avant de lui avoir acheté un antivol dont il fait porter la clef au vicaire avec ce papier griffonné : « Voilà votre Mobylette, je vous offre l'antivol, pour pas que les voleurs la piquent. » Le curé, ravi, découvrit les jours suivants que son tas de ferraille était devenu un Boeing 707 !

Comme il se posait, après coup, quelques questions de morale face à ce « moteur gonflé », je lui ai dit de fermer les yeux (enfin pas en roulant) et que le Seigneur reconnaîtrait les siens... Ce qu'il fit.

Ma solidarité sacerdotale et mon travail de rue sont très liés à la prière des moniales et moines dans le monde. Du fond du désert, la prière de sœur Renée enfouie dans un couvent de Syrie m'apporte la grande joie de savoir que cette prière des sables m'aide à avancer, à lutter et à tenir la nuit dans les rues de Paris. Si j'ai conscience que Jésus-Christ me devance dans la rue, c'est grâce à la prière de ceux qui se sont enfouis librement, dans le silence profondément actif de la prière.

La prière reste l'essentiel de notre vie de consacrés, c'est la clef de voûte de notre action. C'est la pierre d'angle de toute activité apostolique. C'est la joie de tous les instants, quand on sait absolument que, partout où nous sommes envoyés, c'est le lien essentiel. C'est un grand mystère, qui peut difficilement se dire. Mais qui se vit.

Quand, pris par le boulot inhumain et à la fois merveilleusement humain de la rue, las et fatigué, je n'écoute plus les mecs, il y en a souvent pour me dire : « T'es pas branché. Fous le camp chez tes moines. Va te reposer et faire tes prières, tu reviens toujours tout neuf, de là-bas. » C'est le Saint-Esprit qui parle, à l'évidence. Je ne manque jamais de l'écouter. Ma survie sacerdotale en dépend, je l'avoue.

« Priez sans cesse », dit l'apôtre.

Je ne me donne pas de temps précis pour la prière dans ma journée de travail, sauf le soir, sauf la nuit, à trois heures du matin dans la lecture du bréviaire. Car tout doit d'abord être prière !

A cent quatre-vingts kilomètres à l'heure, sur ma moto, aussi bien que dans le dernier métro où j'ai un rendez-vous nocturne. Mais cette prière de partout vagabonde et riche n'est pas suffisante. Dès que je le peux, je me dois de faire halte de temps à autre pour rencontrer Jésus-Christ dans l'intimité d'une prière contemplative.

Toute prière ambulante n'aura de valeur que si je prends le temps de tout laisser pour Jésus-Christ. Je pars alors chez les moines. Halte du corps d'abord. j'écrase pendant douze heures. Je cours dans la forêt avec mes chiens et, ensuite, la paix du corps retrouvée, je peux rencontrer Celui qui ne me quitte jamais et puis fermer ma gueule. C'est une très bonne chose, assailli comme je suis par de multiples contacts où la parole est importante.

L'urgence, c'est alors moi.

Quelle joie renouvelée, après, de me replonger dans la tourmente de la rue, avec au fond de moi-même l'immense lac de la paix retrouvée et de la force qui en découle. Je peux me replonger dans les bars les plus malfamés de la capitale, à une heure qui n'est certainement pas celle d'un bon curé. J'ai noté cependant avec joie qu'à l'heure où je vais dormir, les contemplatifs attaquent matines. C'est pour moi la certitude absolue que la relève se fait dans le silence et la prière.

Église ouverte

Revenir à la tradition
Église ouverte à tous
prêtres d'accueil
Terrain neutre
pillage de nos biens
Troncs à piller.

Il est dix-neuf heures, on ferme. Ce n'est pas au curé d'accueillir vingt-quatre heures sur vingt-quatre. C'est l'affaire d'une communauté qui a compris que toute eucharistie qui n'est pas liée aux plus pauvres, aux malades, aux désespérés du secteur, est bidon.

L'Église est trop ouverte encore à un seul milieu, à des communautés chaleureuses, mais complètement coupées, sauf à de rares exceptions, de tout un monde pour lequel Jésus est venu en priorité.

Un jour, j'arrive de nuit dans une ville avec trois gars. Les Auberges de jeunesse fermées... En désespoir de cause, je frappe à la porte d'un presbytère à vingt et une heures. Le curé, soixante ans, me reçoit juste poliment et m'envoie aux auberges fermées.

Il faisait froid. Il avait un grand presbytère. Je lui dis que tout était fermé ; qu'il nous suffisait d'une pièce nue et chauffée... qu'il avait cette pièce. Il refuse. Alors, je lui ai dit : « Je comprends ta tâche. Tu es certainement beaucoup sollicité, mais tu refuses de nous offrir un minimum ; alors que ton presbytère est immense et pour toi seul. Marie-toi, mon vieux ! T'es encore vert. Au moins, tu auras une excuse, en nous envoyant nous les geler ailleurs. T'auras ta femme et tes gosses, et on comprendra. »

C'était peut-être dur, mais, je crois, vrai...

Un autre fait : j'avais été donner une conférence en Belgique et je voulais me reposer deux jours dans ce pays, et puis, en téléphonant à ma permanence de Paris, j'appris qu'un de mes gars était à Genève en prison et qu'il fallait que je fonce pour aller le chercher. J'ai traversé l'Allemagne et, à

Bâle, j'ai voulu passer la frontière pour aller à Genève. Il était deux heures du matin et j'avais mes deux chiens : Gangster et Vagabond, dans la voiture. J'avais oublié les papiers de ces deux chiens. Le douanier a refusé que je franchisse la frontière. Et je suis allé dans une ville française pour caser mes deux chiens parce qu'il fallait que je fonce chercher mon gars.

Alors je suis allé à Mulhouse et, évidemment, j'ai frappé à la porte d'une institution religieuse. Par l'interphone, la religieuse m'a demandé longuement qui j'étais. J'ai dit que j'étais prêtre, etc., et puis après elle a dû voir ma gueule sur le trottoir parce que quand elle a aperçu un blouson noir et des cheveux longs, finalement, elle m'a dit : « Non, non, je n'ai rien à dire. Écoutez, de toute façon, je coupe l'interphone », elle a coupé.

Ensuite, je suis allé voir le curé pas loin et alors, lui m'a vu du haut du balcon. Je lui ai dit : « Voilà, père, je viens, je suis prêtre, je vais chercher un gars là-bas à Genève, mais je suis bloqué à la frontière parce que je n'ai pas mes carnets pour mes chiens. » Il m'a dit : « Mais qu'est-ce que je vais faire de vos chiens ? » Etc. « Passez votre chemin. »

J'ai passé mon chemin et puis je suis allé dans une station d'essence. Il y avait un pompiste, Pierrot, qui vendait de l'essence. Je ne l'avais jamais vu, comme les sœurs et le curé, et je lui ai dit : « Dis donc, j'ai un gros “ emmerd ”, je vais chercher un de mes gars à Genève »... et je lui raconte mon affaire. Il m'a dit : « Écoute, cela m'emmerde un peu parce que j'ai une chienne en chaleur, mais si tu veux, je prends tes deux chiens. »

Je ne sais pas si ceux qui liront ça savent ce que c'est qu'une chienne en chaleur, mais c'est pas marrant à se farcir. Je lui ai laissé mes deux chiens. Il avait un appartement minuscule. Il a pris mes deux clébards tout de suite. J'ai mis cinquante francs sur le comptoir en disant : « C'est pour leur donner à manger. » Il n'a rien voulu.

J'ai trouvé ça extraordinaire. Pour moi, c'est un peu une page d'Évangile. Au fond, nous croyons que nous, curés et bonnes sœurs, nous avons les paroles de la vie éternelle. Moi, je dis simplement que nous parlons de l'Évangile, mais ce sont peut-être d'autres qui le vivent.

Parfois, cependant, je rencontre un prêtre accueillant : un soir, on tombe en panne à côté de Lyon dans un village. On partait en camp, le camion plein de mômes était un frigidaire. Je tambourine à une heure du matin à la porte d'une cure en priant Dieu de nous trouver une salle chauffée. Le vieux curé émerge enfin. Il avait une salle de catéchisme chauffée à bloc (car il avait oublié le soir d'éteindre le chauffage)... et vide ! Il nous l'a offerte.

Je m'amusais comme un fou, le lendemain, d'entendre, derrière la porte, ce savoureux dialogue dans la cuisine avec sa gouvernante :

« Mais enfin, monsieur le curé, vous voyez la tête de ces gars-là !

— D'accord, il y avait des petits.

— Mais vous manquez de prudence ; un jour ou l'autre, vous vous ferez égorger. »

Je me disais : il n'y a pas encore beaucoup de danger de ce côté-là, dans les presbytères de France. J'ai aimé la réplique du vieux curé à sa gouvernante : « Écoutez, Gertrude, ça peut arriver,mais il m'est impossible de laisser quelqu'un dehors. Jésus-Christ ne me le pardonnerait pas. »

Pour tous ceux qui passent et qui n'ont rien pour s'abriter, il nous faut des églises ouvertes, il nous faut des hommes de Dieu et des hommes proches des hommes, il nous faut des communautés accueillantes. La prédication de l'Évangile commence par là, et seulement par là.

Idéologie et respect

« Ta putain de morale, tu peux te la foutre où je pense. »

C'est ainsi que, dès le début de mon travail de rue, les gars et les filles m'ont appris le respect... Le respect de ce qu'ils sont... ou ne sont pas encore. Je n'avais absolument pas à influencer religieusement en quoi que ce soit leur choix ou leur morale. Je me suis aperçu d'année en année que mon influence a été en fonction de leur certitude que je ne voulais en aucun cas les influencer. Nous n'avons pas à flanquer à la gueule des autres nos idéologies politiques ni nos croyances religieuses.

« Laisse tomber ton Bon Dieu de Père ! Moi, mon père m'a abandonné. »

Est-ce que vous leur parlez de Dieu ? Est-ce que vous leur parlez de votre choix politique ?

Jamais, sauf s'ils m'interrogent sur ces sujets. Bien sûr, nous ne pouvons prétendre que notre façon de vivre, d'espérer, nos motivations profondes n'influent pas sur eux. Ils ont une telle façon de nous regarder vivre, de nous écouter, de nous sentir instinctivement, qu'on ne peut prétendre que ce qui fait le plus profond de nous-mêmes n'a aucune influence sur eux. Un jour ou l'autre, ils finissent par comprendre quel est le sens de notre combat, et y adhérer, d'une certaine façon. Mais, quand ils nous rencontrent, ils sont tellement perdus, ils ont une telle angoisse pour le présent immédiat, qu'ils ne peuvent absolument pas penser à l'avenir.

« L'avenir, c'est pour les riches, moi, je ne sais pas où je vais manger aujourd'hui. » C'est ce que me disait un gars, un jour. C'est l'écho de ce qu'Alain me disait il y a quinze ans. « Tu ne sauras jamais, tu ne peux pas savoir ce que c'est que de ne compter pour personne. »

On ne peut penser à son avenir effectivement que si on est riche, d'amour d'abord, richesse légitime bien sûr. Ensuite, celui qui ne sait quand il mangera, où il dormira, qui il rencontrera, ne peut avoir (sauf très rares exceptions) une quelconque idée religieuse.

On comprendra beaucoup de choses le jour où on se foutra ça dans la tête, le jour où on se rendra compte de l'insulte profonde que nous avons faite à tant de peuples sous-développés que nous avons exploités religieusement, profitant de leur faim, pour leur fourguer notre Dieu d'Amour.

Aucun combat n'est neutre, c'est évident. Mais tout combat pour la défense de l'homme opprimé ne peut ni ne doit être isolé. Il ne peut que déboucher, un jour, sur un combat collectif, pour être efficace pleinement.

Au début, à Paris, c'est la bande qui m'a permis

d'entrer dans un combat collectif. Dans ce travail de rue, j'avais la tentation d'en sauver un parmi les autres, et ce sont eux qui sans cesse, par leur volonté commune de se perdre ensemble ou de se sauver tous, m'ont appris le combat collectif. Lorsque j'ai un problème éducatif à traiter avec l'un d'entre eux, c'est devant toute la bande que je le traite, sauf les cas exceptionnels où la discrétion m'en empêche. Chacun dit son mot et se trouve ainsi partie prenante pour aider à résoudre le problème particulier. Ils peuvent, ensuite, partir nantis de la responsabilité qu'ils ont prise face à l'un d'eux.

Combien de paroles d'Évangile me reviennent : « JE SUIS VENU POUR LES SAUVER TOUS... »

Il m'arrive de leur parler de Dieu, mais pas avant qu'ils me le demandent, et surtout pas avant qu'on ait vécu et partagé ensemble. Je sais, toujours, en vivant avec eux, ce que signifie le fameux : « ILS PARTAGEAIENT TOUT, ILS METTAIENT TOUT EN COMMUN » (les Actes des Apôtres, II, 44). Ça, je le sais, puisqu'ils le vivent.

Quand, parfois, j'assiste à des réunions de chrétiens qui longuement épluchent cette phrase d'Évangile et que je les vois revivre, le lendemain, leur égoïsme habituel, leurs petites mesquineries quotidiennes, je ne peux que m'interroger sur ceux qui vivent l'Évangile sans le savoir et ceux qui en font référence sans le vivre.

Combien de fois j'ai reçu dans les dents cette gifle : « Je vous respecte parce que vous êtes prêtre » ? Je n'ai rien à foutre de ce respect-là. Je suis d'abord un homme, simplement. Un homme qui a besoin de respect comme tous les hommes de la terre. Ma souffrance souvent est d'être démesurément respecté. Je ne connais pas, je ne connaîtrai pas sans doute les coups, les interrogatoires, l'avilissement que connaissent la plupart des jeunes que je côtoie, frappés souvent dans les rues ou les commissariats de Paris, au vu simplement de leurs mines louches.

Souvent, la nuit, je suis interpellé par des policiers qui, vu ma gueule, cheveux longs, blouson noir et tout, me tutoient grossièrement quand ils ne m'insultent pas, me plaquent contre ma voiture, m'arrachent les fermetures Éclair de mon cuir, me traitent comme une merde. Bien sûr, ils entrent dans ma voiture, l'inspectent en dépit de la loi qui le leur interdit, sauf en cas d'urgence. Obligé de décliner mon identité, je le fais. « Monsieur l'abbé, veuillez passer : excusez-nous, on ne savait pas. » C'est leur réponse à tous.

J'ai honte alors non d'être prêtre, bien sûr, mais de cette étiquette sociale de curé, qui me colle aux fesses et me fait passer partout. Ce passeport de l'étiquette sociale, je le vomis. C'est bien là ma souffrance... qui ne peut être contrebalancée que par un engagement total à leur service, au risque de me perdre.

Vagabond de la Bonne Nouvelle

Quelle joie lorsque toute l'équipe du 46 part pour une tournée de conférences. Nous partons souvent. Les malles embarquées dans le camion. Les jurons habituels quand quelque chose coince. Francis, qui profite du moment précis où il faut porter les caisses pour aller pisser. Pedro qui supervise tout, discrètement. Michou qui suit, sans un mot, les cheveux dans la figure ; et le petit dernier, qui regarde le tout, en portant la sacoche.

Michel prend le volant, sans oublier Gangster et Vagabond, nos chiens, qui bondissent avant la fermeture des portes pour le grand départ. Gaby nous dit au revoir, elle reste pour la permanence.

Ça fait six ans que nous partons ainsi, avec le montage audio-visuel qui raconte en une heure ce que nous vivons. Ce montage est toujours suivi d'un débat, parfois dur, mais toujours passionnant. Ces cinq cents échanges, un peu partout en France, et parfois à l'étranger, sont pour nous une grande richesse. Décortiquer, démonter les sources de la délinquance, crier partout que ceux que l'on appelle des délinquants ont droit à l'Espérance. Informer pour faire réfléchir nous a semblé depuis longtemps essentiel. Ça s'appelle : TÉMOIGNER.

TÉMOIGNER n'est pas donner des leçons aux autres. Nous avons tellement rencontré d'expériences étonnantes vécues dans le silence des faubourgs des grandes villes, de bourgades ou de villages les plus reculés du fin fond de la France, que ces échanges ne peuvent que nous rendre plus humbles dans notre action.

TÉMOIGNER ça peut être aussi « provoquer à l'espérance », débloquer la peur, faire ouvrir des portes, mais surtout enlever la merde qui nous bouche les yeux et le cœur.

Quand nous partons dans une ville, en week-end, pour une tournée, que l'on soit demandé par un organisme quelconque, religieux ou laïc, ou par une municipalité communiste ou R.P.R., je demande toujours à rejoindre la communauté chrétienne du secteur. Prêtre et homme de la prière d'abord, je n'oublie pas la phrase de saint Paul : « MALHEUR A MOI, SI JE N'ÉVANGÉLISE PAS. »

Vivant le plus clair de mon temps avec les mecs et les filles de la rue, je sais que la première évangélisation à faire, c'est de vivre en luttant à leur côté. Il m'est dur, souvent, de ne pouvoir explicitement leur annoncer Jésus-Christ. Ça, je peux le faire absolument dans toutes les églises. La richesse que j'y trouve est très grande. Souvent les prêtres du secteur nous proposent les églises progressistes de la ville. Je leur dis alors mes préférences : « les communautés de type bourgeois ». Pourquoi ? Tout simplement parce que je préfère m'adresser en priorité à un peuple chrétien souvent bien assis, ronronnant, installé dans une bonne pastorale d'ensemble, et une catéchèse tiède et coupée de la réalité des injustices, de la misère des petits de leur propre ville. J'y vais d'autant plus volontiers que je n'accepte aucune quête. Je ne veux pas monnayer la parole de Dieu. La Bonne Nouvelle est gratuite. Quand Jésus-Christ a envoyé ses apôtres deux par deux, il ne leur a pas dit de parler des pauvres et de ramasser ensuite du fric. Il leur a dit :

« ANNONCEZ MON PÈRE, VISITEZ LES MALADES, APPORTEZ L'ESPÉRANCE A TOUS CEUX QUI DÉSESPÈRENT. »

Parfois, des prêtres ont peur, ils se disent sans doute : « Qu'est-ce qu'il va bien pouvoir leur raconter ? » Aucune église ne m'a été interdite, mais parfois, je sens qu'ils ont peur que je choque.

La peur sans doute d'une provocation crue, dure, de l'Évangile.

Dans une ville de France, le curé ayant pris peur, il m'avait relégué dans la paroisse lointaine d'un curé Kamikase à demi aveugle qui avait accepté que je vienne. La veille, mille personnes étaient venues échanger, dans la salle municipale. Le lendemain, beaucoup étaient venus, croyants et incroyants, dans l'église éloignée, voir et entendre ce que je pouvais bien faire et dire. Beaucoup, à la fin de la messe, se dirent ravis de m'avoir accueilli, et le curé en tête.

Au fond, j'aime toujours retrouver les plus pauvres, que ceux-là soient dans la rue, dans les églises éloignées que l'on considère un peu comme des poubelles, ou les églises bourgeoises qui, elles aussi, sont si loin parfois de l'Évangile.

On croit souvent, sans doute à cause de mon apparence, et de par mon métier, que je vais tout bouleverser dans une liturgie. Je m'en tiens aux limites que l'Église nous a données.

Je me souviens d'un prêtre d'une grande ville, préparant avec moi la liturgie du lendemain, et me disant : « Pas de problèmes avec toi, tu improvises le canon en prenant comme grille cette page que j'ai écrite moi-même. »

Je lui ai rétorqué : « Déjà, il faut faire passer, à tes gens, ma gueule, mon langage et tout le reste. Mais si tu me fais faire une liturgie sauvage, tu risques de me démarquer de l'Église, de faire de moi un prêtre complètement à part. Si je ne suis jamais bien entré dans l'institution, je suis en plein dans l'Église. Il faut que tes paroissiens le sachent, et qu'ils le voient... Je lirai le canon II. »

J'ai aimé qu'il me dise, à la fin de la messe : « J'ai découvert le canon II. »

Je crois avoir bien compris pourquoi tant de gens sautent dans les bras de Mgr Lefebvre. Habitués depuis des centaines d'années à un culte figé, inaudible sauf pour un petit nombre d'initiés, Vatican II a entrouvert d'immenses portes et fenêtres. Jc ne suis pas d'accord pour les enfoncer. Le scandale des inconditionnels du latin doit nous faire réfléchir.

Ne serait-ce pas nous qui les effrayons avec ces liturgies sauvages où l'on ne sait même plus qui fait l'eucharistie, où, dans la plus grande anarchie, chacun peut s'improviser prêtre ?

N'est-ce pas à cela qu'est dû le blocage de certains de nos frères, que nous n'avons peut-être pas assez aidés à comprendre que l'eucharistie, c'est, avant tout, un repas que Jésus préside, avec une simplicité extrême, et un sens de l'humain prodigieux ? C'est quelque chose que l'Église avait dénaturé, rendu inhumain dans sa forme. Le retour à la Cène, telle que Jésus l'a vécue, avec ses apôtres, après celle, sophistiquée, alourdie, de tant d'années, doit se faire lentement.

Les rares eucharisties vécues avec les mecs doivent ressembler étrangement à celles des premiers temps. Elles ne peuvent être qu'exceptionnelles. Nous devons avoir un immense respect pour l'ensemble du peuple de Dieu, qui avance lentement. Nous devons, avec lui, avancer lentement.

La Bonne Nouvelle pour tous

Ce jour-là, au moment où j'allais commencer à parler dans l'église, j'ai aperçu Serge, un des mecs, au fond de l'église. Et soudain, je me suis senti incapable de dire ce que j'avais préparé. J'ai balancé tout mon sermon et c'est pour Serge d'abord que j'ai parlé, pour qu'il comprenne tout. Et ce qui m'a impressionné, c'est qu'après la messe beaucoup de gens sont venus me dire : « Merci pour ce que vous avez dit ! »

En parlant à Serge, j'avais parlé à tout le monde. Au fond les pauvres sont au cœur de tout : ce sont eux qui nous font déboucher sur l'universel. Mais la Bonne Nouvelle est aussi pour les riches.

C'était dans une église bretonne. Il est venu me trouver après la messe en me disant : « J'ai été touché par votre parole mais... vous ne nous aimez pas, nous les riches ! D'accord avec votre refus de solliciter notre portefeuille après la messe pour les jeunes dont vous vous occupez. Derrière le billet, la réflexion s'arrête. Mais vous ne nous aimez pas. » Il avait raison. A cause du monde très pauvre avec lequel je vivais, je ne faisais pas attention : j'avais de l'amour pour les mecs mais je n'en avais pas pour les riches. Et cet homme qui s'était senti blessé me le disait... M'interpellant finalement beaucoup plus profondément qu'il ne pensait. Car, à cause de lui, j'ai réfléchi... Et j'ai changé. Je dis maintenant :

« Les riches qui sont parmi vous sont aussi mes frères au même titre que les loubards. Mais je me fous de leur richesse, de leur étiquette sociale, de leur compte en banque. Ce qui compte, c'est ce que vous êtes à l'intérieur de vous-mêmes, ce que vous avez de meilleur, tout ce qui peut changer en vous. A cause de ça, vous êtes mes frères. Et à cause de ça, vous pouvez changer : comme moi je peux changer, comme les loubards peuvent changer... »

On me dira que tout ça n'a rien à voir avec la lutte des classes ! Tant pis. Moi, je ne peux pas impunément dire : les loubards et les marginaux, les drogués sont merveilleux et les riches, eux, n'ont qu'à aller se faire foutre ! Je n'ai pas besoin d'une grille marxiste pour annoncer l'Évangile. L'Évangile me suffit. Or l'Évangile est un appel à la justice et un appel à l'amour... Pour chacun de nous. Il ne dit pas qu'il faut faire crever les riches pour que les pauvres puissent installer leur pouvoir. Et devenir rois à leur tour.

Non, l'Évangile est un appel fait à chaque homme... Au meilleur de chaque homme... Aux riches comme aux pauvres. Il se trouve simplement que le pauvre est toujours plus près du cœur de Dieu que le riche encombré de richesse, de puissance, de pouvoir, et qu'il faut lutter de toutes ses forces pour aider le riche à ne plus l'être.

Il le savait bien quand il a dit : « Malheur aux riches ! » Une parole plus actuelle que jamais. Pas seulement pour les autres mais aussi pour nous. Et pour moi d'abord.

Professionnels et bénévoles

On me demande, souvent, en quoi mon sacerdoce ajoute quelque chose à mon travail d'éducateur.

C'est une question qui m'étonne toujours de la part d'un chrétien. En effet, la loi de la pesanteur de l'Évangile vis-à-vis des plus petits de nos frères devrait empêcher une telle question. Mon sacerdoce est vécu dans l'incarnation de ma tâche d'éducateur. Ce qui me stupéfie de la part des chrétiens, c'est qu'ils trouvent admirable, étonnant, exceptionnel un sacerdoce jeté totalement au service de ceux qu'on appelle des délinquants. Ça veut dire une seule chose : que l'Église est à côté de ses pompes. Noyée dans une pastorale d'ensemble, submergée par une catéchèse qui ne semble plus correspondre à une véritable annonce de Jésus-Christ. Écartelée dans des batailles liturgiques, de langues, etc.

L'Église ne prend pas assez le temps de vivre les Béatitudes. Pour moi, l'Évangile doit être pris à la lettre. A cela, rien d'étonnant, beaucoup d'autres, avant moi, l'ont fait. On doit être témoin de ce que l'on vit. L'Église a besoin de témoins vivant l'Évangile humblement mais dynamisés par la fantastique insurrection évangélique.

L'Église s'interroge sur les églises vides, sur les vocations. Si on a des gueules d'apôtres, point n'est besoin de faire du racolage. Les jeunes de notre temps sauront parfaitement être sensibles à la lumière de la vie d'hommes et de femmes ayant tout balancé au service de Jésus-Christ.

Je sens partout où je rencontre des jeunes un appel impérieux dans ce sens. Je n'en ai rien à faire, qu'ils se lancent dans les méditations bouddhistes, indiennes, papoues, ou le silence d'un couvent, c'est, à mon avis, la même recherche. J'ai noté, chez certains jeunes de la rue, des appels très nets à la vie contemplative. Je les ai vus parfois chercher à leur façon ce que cherchent des moines. Bien sûr, ils ne pouvaient pas le vivre une journée dans un couvent. Les règles monastiques ne sont pas pour eux, mais en cherchant bien avec eux, ils seraient bien capables d'inventer quelque chose qui ressemble à ce que vivent les moines.

Arrêtons de nous regarder le nombril pour rechercher notre identité sacerdotale. L'Évangile vécu au jour le jour, et en Église, nous permettra de la façon la plus sûre de découvrir pourquoi nous sommes consacrés et comment, chaque jour, nous vivons cette consécration.

Il nous faut d'urgence sortir du portrait-robot. Les dons sont différents et nous avons le même Évangile. A nous de donner une pleine mesure dans ce pour quoi nous sommes faits et, bien sûr, d'accepter nos différences ; encore une fois, seul l'Évangile permettra de faire cette démarche.

Les mecs ont un extraordinaire sens du sacerdoce, à condition qu'ils le voient vivre. Ce qui est bizarre, c'est que ça semble poser plus de questions aux chrétiens qu'aux jeunes dont j'ai la charge. Les jeunes en difficulté de partout ont un immense besoin d'hommes et de femmes offrant quelques années de leur vie tout entière à leur service. Si on a fait ce choix, c'est important alors de rentrer dans un métier d'éducateur. C'est d'abord un métier, ça peut être aussi une vocation, mais c'est d'abord un métier qui demande des compétences, qui ne s'improvise pas. Les gars et les filles de la rue ne se trompent pas là-dessus.

J'ai dit souvent, à propos de l'expérience que j'ai vécue pendant sept ans dans une association de prévention laïque, qu'il y a deux recrutements : celui de l'employeur et celui accepté par la rue.

Un psychologue avait été recruté dans notre association et offrait apparemment toutes les garanties nécessaires à son emploi. Huit jours après, il était vidé par les mecs. Il ne parlait pas une langue compréhensible pour eux, et puis, il ramenait sa science. On n'en a rien à foutre de quelqu'un qui a une tête pleine comme une pastèque. On veut des gens simples qui pigent vite et qui savent écouter. Ce n'est pas un métier de curé et de bonne sœur, comme beaucoup le pensent, c'est simplement un métier où l'aventure humaine est totale, parce qu'on est pratiquement sans mandat et qu'on est confronté aux situations les plus dures mais en même temps passionnantes.

Il faut dire, à la vérité, que si les professionnels sont indispensables, les bénévoles le sont aussi. Daniel, le barman d'à côté, n'est pas payé pour écouter les mecs, mais quel putain de boulot il fait depuis cinq ans, simplement en servant les mecs et, en même temps, en les empêchant de trop boire, en nous avertissant discrètement, quand un problème grave lui a été soumis. Émile, le pâtissier provençal, n'a jamais, que je sache, été payé pour écouter les innombrables confidences dont il a été témoin et, pourtant, si Claude est heureux, maintenant, c'est bien grâce à lui, car moi, Claude m'avait « vidé » avec ses problèmes insurmontables.

On ne peut pas dissocier le professionnalisme du bénévolat. C'est une bataille perdue d'avance, à mon avis, que de vouloir dissocier l'un de l'autre. Mais il faut faire très attention à une technique de l'État insidieuse et qui lui fait gagner du beurre. En faisant trop appel aux bénévoles, l'État se procure des travailleurs gratuits. C'est une façon de gagner de l'argent sur le dos des professionnels. Il faut le dire et s'en défendre par tous les moyens.

Notre équipe, si elle est riche de professionnels, sera toujours puissamment riche par tous les bénévoles qui donnent tout ce qu'ils peuvent.

J'ai toujours envie de me taire lorsque je pense à la famille qui garde précieusement, depuis vingt ans, sa Marie-France handicapée, à Raymond, de Marseille, devenu grabataire à la suite d'un grave accident, et qui depuis dix ans est veillé jour et nuit par ses parents âgés et très fatigués, à Thomas, de Tourcoing, gravement handicapé et qui ne peut vivre que chez lui, adoré par ses sept frères et sœurs, malgré la vieille panique qu'il met quotidiennement dans la maison de ses parents.

Tous ces témoins de l'amour vécu, jusqu'à l'héroïsme, auraient tant de choses à nous dire. Ils ne sont payés par personne pour faire ce qu'ils font. Il leur suffit d'aimer.

L'Église et ses oignons

Un illustre général a osé dire à un évêque dénonçant la vente des armes qu'il n'avait qu'à se mêler de ses oignons.

Les oignons de l'Église, ça devait être, sans doute, pour le général, les sacristies sentant le moisi, les nonciatures, les pastorales d'ensemble, et tout notre bazar extérieur. Manque de pot, l'immense chantier de l'Église est partout ailleurs.

Les armes et l'usage qu'on en fait, dans le commerce international, ça, ça regarde l'Église. Les boissons alcoolisées qui sont vendues dans les bars, souvent à des mineurs, ça, ça regarde l'Église. Dénoncer un monde capitaliste qui permet aux plus riches de s'enrichir et aux plus pauvres de s'appauvrir, c'est pour les chrétiens et l'Église une exigence évangélique et ça, ça regarde l'Église.

Les matraquages dans les commissariats des mecs ramassés la nuit dans les rues des grandes villes, ça, ça regarde l'Église. Ce qui regarde l'Église, c'est qu'elle n'accepte aucune injustice là où elle est implantée. C'est ça les oignons de l'Église.

« Mon général, crois-moi, dans ce sens-là, elle a un sacré boulot à faire. »

Malheureusement, les oignons de l'Église, ça a été aussi, et c'est encore les compromissions avec le pouvoir. On ne dénoncera jamais assez la lâcheté de certains hommes de religion qui pactisent avec le pouvoir en place, et donnent leur caution à des hommes politiques indignes de ce nom.

J'ai remarqué trop souvent que l'Église penche à droite quand le régime est de droite, et parfois à gauche quand le régime est de gauche. C'est comme si l'Église avait besoin d'une grille fasciste, ou marxiste, pour annoncer l'Évangile. C'est comme si le formidable potentiel révolutionnaire de l'Évangile ne lui suffisait pas.

L'Église n'a besoin d'aucun système politique pour appuyer l'annonce de la Bonne Nouvelle. En revanche, elle peut trouver, dans tel ou tel système politique, une façon de vivre l'Évangile et de lutter. Elle peut le dire, l'approuver et le favoriser, mais, tout en restant parfaitement libre face aux systèmes politiques qui se rapprochent le plus de la ligne évangélique.

C'était au Vatican, un été. Nous y passions, puisque Rome était sur le chemin de notre camp en Tunisie. En passant, je voulais me recueillir sur la tombe du bon pape Jean XXIII. Les gars en avaient entendu parler et, se renseignant mutuellement, convenaient ensemble que « c'était un mec bien ». Ils me suivirent.

Nous fûmes vidés rapidement du tombeau, car les gars, voyant que la tombe de Pie XII avait davantage de fleurs que celle de Jean XXIII, s'avisèrent de soulager le premier pour fleurir le second. Ce ne fut pas du tout apprécié par les gardes pontificaux. En sortant de Saint-Pierre, un gars m'avertit qu'il y avait à deux pas de la basilique « des baths de médailles et des croix grosses comme ça ». Je le suis. Toute la bande est là, le nez dans les médailles et les mains pleines de crucifix...

« Ça va faire plaisir à ma vieille...

— T'as vu comme ça brille...

— Et ça porte bonheur.

— Je la mettrai à mon cou, cette croix, avec mon étoile juive et ma main de fatma, y risque de rien m'arriver cette année. »

Les pauvres religieuses italiennes couraient de l'un à l'autre autant pour conseiller que pour éviter que des poignées de médailles n'atterrissent miraculeusement dans le fin fond de poches de blue-jean, sans bourse délier. J'assistais à cette course au trésor... tout en regardant les vitrines et réglant successivement les additions après le choix de chacun. Mes yeux alors tombèrent sur une petite crèche miniature, en argent massif. Coût : quatre cent quatre-vingts francs. J'interpellai aussitôt la religieuse, en lui demandant si Jésus était venu « argenté ». La Madre refusa tout d'abord de me répondre. Elle se ravisa et on discuta. « Les riches achètent cela et une partie de la somme est versée " pour les pauvres " », me dit-elle. Je lui dis combien une telle façon de voir les choses risquait de ne rien changer à la formidable dépendance des défavorisés par rapport aux nantis.

Nous quittâmes le magasin. Les gars commentaient avec énergie la quantité de bonheur espéré qui avait motivé leurs choix respectifs. En sortant, je pensais à cette crèche. Jésus vendu « en argent » dans son mystère d'amour et de pauvreté ! Et, qui plus est, vendu par des consacrées. Je ne mets pas un seul instant en doute leurs bonnes intentions. Mais quelle caution elles donnaient à tous ceux qui pensent qu'offrir un peu de son superflu suffit ! Est-ce là la vraie justice ?

L'Église porte une responsabilité très grande, actuellement, dans cette recherche de la justice, sa façon de le dire et sa démarche politique. Car, quoi qu'elle pense, elle fait de la politique... ne serait-ce que vaticane... Elle est mêlée à tous les changements du monde. Elle a donc son mot à dire et plus que ça, à crier l'Évangile dans le contexte politique mondial.

Pas facile ! Quoi qu'elle dise, elle sera critiquée. Le pape a dit à Puebla que l'Église ne devrait pas faire de politique, c'est-à-dire entrer dans des systèmes politiques qui, de près comme de loin, ne ressemblent en rien aux Béatitudes. Je rétorquerai malicieusement qu'il en a fait de la politique, quand il a été en Pologne. Ce qu'il a dit, c'était évidemment dit avec du miel. Mais ça valait tous les boulets rouges des canons politiques du monde.

Il a parlé haut et fort pour jeter les cartes évangéliques sur la table et proclamer l'identité chrétienne d'un peuple muselé dans sa foi. Défendre Jésus-Christ champion de la liberté, c'est aussi défendre toutes les libertés. C'est tant mieux pour l'Église et pour le monde. Mais l'Église manque encore de courage. Celui d'aller contre les idées reçues. Celui de proclamer plus que sa solidarité : son identité avec les pauvres de son temps. L'Église se dit solidaire des humbles, ça signifie qu'elle ne leur est pas identique comme le Christ qui disait : « J'ai eu faim et vous m'avez donné à manger. »

Jésus s'est incarné en eux. Il est mort entre deux d'entre eux. Mais l'Église peut-elle, en effet, s'identifier aux pauvres, avec le visage qu'elle montre, la puissance qu'elle affiche, les amitiés politiques qu'elle noue ?

La présence de M. Videla, assassin et président d'Argentine, à la messe d'intronisation de Jean-

Paul Ier n'autorise pas l'Église, en effet, à s'identifier aux torturés argentins. Elle peut toujours dénoncer globalement la torture, ça ne servira pas à grand-chose tant qu'elle ne rompra pas avec le bourreau. Elle peut cautionner ainsi les pires régimes et se rendre prisonnière finalement de ces « présidents soi-disant chrétiens » qui, les mains pleines de sang, trônent en plein milieu du parterre des puissants de ce monde, en pleine messe pontificale.

J'ai bien failli rendre à mon évêque mon mandat sacerdotal quand j'ai appris que Paul VI reconnaissait le régime du colonel Pinochet en troisième position, je crois, après la Russie et je ne sais quel autre pays. Des flots de sang coulaient partout alors dans les rues de Santiago du Chili. Quand on lui en fait le cinglant reproche, l'Église a la réplique immédiate et facile : « C'est pour éviter de faire couler davantage de sang. » Ça m'étonnerait.

Un geste prophétique de rupture avec le bourreau à la face du monde s'aliénerait un régime... Mais quel fol espoir pour les écrasés d'un pays d'entendre ça de la bouche même du leader des chrétiens. Si Pie XII avait eu ce courage face à Hitler, il serait certainement mort dans un camp de concentration.

Mais quelle gloire pour l'Église alors que, quarante ans après, combien de reproches traînent encore à l'encontre de la diplomatie vaticane qui a été formellement au courant des atrocités commises dans les camps de la mort et qui s'est tue, croyant que son silence amadouerait Hitler...

Jésus est entré en conflit avec ceux qui détenaient le pouvoir. Les prêtres et les politiciens de son temps se sont unis contre lui, l'ont traduit en justice et exécuté.

Si Jésus-Christ s'était tu, il ne serait jamais mort comme ça et ressuscité. L'Église dit ne pas s'immiscer dans la politique des États, mais elle peut aussi cautionner avec hypocrisie les pires politiques.

Parlons du voyage de Jean-Paul II en Amérique latine. Ce voyage triomphal, prestigieux, peut ressembler à la foule acclamant Jésus-Christ. Il peut aussi être vu comme un show à la Travolta fort réussi, comme disait un mec regardant ce jour-là la télé avec moi : « On dirait Travolta, en plus vieux et en robe blanche. »

Toujours la même politique qui semble être un des secrets de l'Église. Un coup à gauche, un coup à droite. « Pauvres, je suis avec vous ! Vous, les gouvernants, allons, occupez-vous-en davantage ! »

Des propos lénifiants servent les puissances de l'argent et cautionnent l'ordre des privilégiés.

Les présidents semblent ravis de toute cette pub. Après les réjouissances d'un fol accueil, les petits rejoignent leur gourbi, survolés en hélicoptère. Les présidents de tout poil regagnent leur palais et s'empressent de ramener à eux les morceaux épars lancés par le météore papal, pour consolider leur image de marque, assise sur l'injustice, la puissance écrasante, les miettes lancées aux petits, les promesses bidon, les lendemains de terreur et de répression.

L'Évangile menace les pouvoirs. Il est un ferment révolutionnaire prodigieux. L'Église doit se mouiller, sinon son prophétisme légendaire s'éteint. Le feu de l'Évangile reste dans les braises et s'éteint l'immense espoir des combattants, qui savent bien, eux, l'enjeu implacable de la confrontation de la misère et de ceux qui la bâtissent.

C'est là que se pose la question essentielle pour beaucoup : rompre avec l'exploiteur, est-ce se condamner à prendre les armes, se lancer à corps perdu dans le combat politique ? L'exigence ultime de l'Évangile est un retournement intérieur des mentalités. Mais changer le fond de chacun de nous, n'est-ce pas une entreprise de combat et de libération ? L'Église n'enseigne pas assez que le Christ est subversif à l'égard de tous les pouvoirs établis qui oppriment les hommes.

Dénoncer le tyran et rompre avec lui, c'est dans plusieurs pays du monde la démarche d'hommes d'Église qui s'engagent ensuite sans le vouloir ou en le voulant, courageusement, dans l'action politique en faveur des opprimés. Ceux qui sont sur le terrain savent bien que, pour obtenir la justice, un certain combat s'impose. Je le sais bien, sur mon terrain des rues de Paris. Encore une fois, on ne peut être, à la fois, bien avec l'exploiteur et l'exploité. Il faut choisir son camp. Il apparaît alors que le message évangélique est aussi politique, sans être bien sûr réduit à un système politique. On doit sans cesse prêcher la conversion individuelle et collective. Mais les opprimés de partout savent qu'ils peuvent être acculés à la lutte, un jour ou l'autre, si leurs adversaires refusent de renoncer à leurs privilèges.

La position de l'Église dans cette lutte n'est pas facile. Mais elle doit être claire. Elle ne peut en effet proclamer l'action pour la justice et se dire apolitique. Défendre la dignité de l'homme là où elle est bafouée peut amener l'Église à entrer en politique. Dans ce combat politique, nous avons à lutter sans cesse nous-mêmes pour garder notre identité.

Chrétiens, nous croyons au Christ ressuscité, pas à Marx. Si nos combats pour la justice se mêlent à d'autres, et c'est le mien avec les communistes du XIXe, nous avons à garder intacte notre identité chrétienne.

Le Magnificat, les Béatitudes, le Pater doivent rester pour nous nos chants de lutte jusqu'au bout et, seuls nous permettent de garder intact l'amour total et universel. Seule la fidélité à l'Évangile lavera de tous les soupçons qui assaillent ceux qui entrent dans la lutte pour la libération de l'homme.

Je crois aussi profondément que se battre, au nom de l'Évangile, pour libérer l'opprimé, peut être le meilleur moyen de libérer aussi l'oppresseur. Le chrétien a ce génie particulier : c'est, dans sa lutte, d'aimer et de vouloir sauver opprimés et oppresseurs. Elle est tout autre, cette lutte, que celle qui appelle à la haine et risque de rendre oppresseur l'opprimé d'hier.

Nous avons besoin d'une Église prophétique qui n'ait pas peur d'attraper la gale en défendant l'homme. Nous avons besoin d'une Église qui ait le courage de parler et de passer à l'accomplissement de la parole, c'est-à-dire à l'action. Ça a donné des effets extraordinaires au point de vue humain et religieux en Amérique latine, quand des laïcs, des prêtres et des évêques sont partis défendre et labourer la terre avec les paysans. Certains l'ont payé de leur sang. C'est le juste tribut payé par ceux qui, depuis le début de l'Église, sont passés des idées aux actes.

Il n'y a rien de plus fort, Jésus-Christ nous a montré la route, le premier, en le payant de sa vie.

Richesse et pauvreté

Après avoir prêché dans une grande paroisse de banlieue, je sortais de l'église ; un petit enfant s'avance, tendant dans sa menotte un billet de cinq cents francs en me disant : « C'est maman qui vous le donne. — Tu diras merci à ta maman, mais elle n'a pas bien compris ce que j'ai dit tout à l'heure dans l'église. »

Vous savez, en effet, que depuis la réflexion d'un gars : « Ils te donnent du fric à toi, pour nous, mais ils se foutent de nous », j'ai refusé toute quête dans les églises pour que la parole de Dieu que je donne soit libre et surtout gratuite.

Le petit gars s'en alla, rapporta le billet, sa petite sœur prit la relève, toujours de la part de maman. J'étais sous le porche de l'église, sans un mot je pris cette fois le billet et le mis dans le béret d'un clochard qui mendiait. Le pauvre homme, surpris et émerveillé, prit ses jambes à son cou, croyant sans doute que mon geste était dû à l'inattention. Cette scène très rapide se déroula sans un mot sous les yeux atterrés de la donatrice, par trop insistante. La quête dans les églises reste quelque chose qui est fort critiqué, mais qui reste pourtant nécessaire à l'intérieur du jeu paroissial.

Je n'ai pas à la critiquer, seule la façon de la faire peut être ressentie comme une offense à la prière.

Ça me donne en effet des varices que d'entendre ce bruit de ferrailles balancées pendant le Credo et l'offertoire. L'humour de certains curés y trouve parfois sa place. Tel celui du prêtre qui ne manquait jamais de claironner avant qu'on passe les paniers : « Surtout, mes frères, pas de bruit pendant la quête. Que des billets ! que des billets ! »

Je serais un salaud de profiter d'une parole chaleureuse sur l'Évangile et les loubards pour ramasser des sous.

Des réflexions comme celle-ci m'ont aidé à découvrir la force d'une annonce évangélique gratuite :

« J'ai entendu beaucoup de missionnaires depuis trente ans parler de leurs pauvres et partir avec notre argent, c'est la première fois qu'on m'a vraiment aidé à réfléchir. Vous nous avez parlé de la misère de tant de jeunes de grandes villes sans faire appel à notre portefeuille. J'ai du bon travail à faire, ici, dans ma ville. »

Il m'est apparu souvent que la recherche des grosses paroisses à fric, pour parler de ses pauvres, est la meilleure façon de conforter les riches dans leurs richesses. « J'ai donné à tel prêtre ! » « Je participe à telle œuvre ! » Tout cela peut démobiliser absolument et donner une bonne conscience qui empêche les personnes, notamment riches, d'avoir une conscience de la pauvreté universelle. Évangéliser, c'est passer du singulier au collectif, de la misère de la petite vieille croupissant dans son taudis à celle de tous les anciens qui survivent en France, de l'isolement de l'immigré à celui des quatre millions qui vivent en France.

Il a toujours été difficile de parler de richesse et

de pauvreté. Nous, prêtres, avons fait et faisons encore bien des erreurs à ce sujet. Pour moi, la plus grande pauvreté est celle d'abord de n'être aimé par personne. Cette pauvreté peut être vécue aussi bien par le riche que par le pauvre. Quant à la pauvreté des biens ou d'argent, celle-ci doit poser une question fondamentale pour un chrétien. Les prêtres ne sont pas les experts-comptables de Dieu, mais ceux qui doivent sans peur et inlassablement provoquer la communauté à s'interroger sur le trop-plein des richesses, le luxe, l'inutile. Notre langage d'hommes de Dieu doit atteindre chaque personne pour l'aider à avancer, à changer. Attaquer les riches actuellement est une prédication à la mode. Les dernières décennies ont été consacrées à leur pomper le maximum de fric. Aujourd'hui, on les vomit. Seul l'Évangile nous permettra de trouver le ton juste.

Le fameux « Malheur aux riches » reste toujours vrai. Mais Jésus les a aimés au même titre que les prostituées, et les loubards de son temps. S'il a été terrifiant dans ces paroles, quand il attaquait les richesses accumulées, les dons gardés pour soi, l'exploitation des autres, il l'a dit avec un amour absolu de la personne des possédants.

Seule la puissance de cet amour pouvait les aider à changer. Quitter cette ligne de conduite, c'est blesser, hérisser et refermer sur eux et leurs richesses ceux qui possèdent. Comme il est bon de lire et de relire les anciens prophètes :

« Quand tu fais l'aumône à un pauvre, tu ne fais que lui rendre une partie de ce que tu lui as volé. »

« Tu accumules, baraques après baraques,

champs après champs, alors que la terre appartient à tous. »

Ces paroles doivent retentir dans nos oreilles face à nos résidences secondaires, quand elles ne servent qu'à des cercles restreints et un mois par an. Face à l'anonymat effroyable dans lequel on s'enferme à l'intérieur de nos appartements et grands ensembles, face aux dons reçus, mis à son seul service.

Incontestablement, tout chrétien doit être mis face à ses responsabilités vis-à-vis de sa propre communauté d'abord. Là seulement peut commencer une véritable prise de conscience de la merde que nous avons dans les yeux, bouchés par le superflu, l'acquisition forcenée de biens. Là seulement, à la suite de la prise de conscience, une action communautaire, réfléchie, pourra déboucher sur un vrai partage. Chacun se sentant aimé, provoqué.

Ce n'est pas utopique, c'est, je pense, évangélique. Les notions de pauvreté et de richesse vues à la lumière de Jésus-Christ pourront avoir une réponse dans le combat pour la justice et pour l'amour.

Il semble cependant que tous les moyens de persuasion ayant été épuisés, nous soyons parfois forcés d'entrer en lutte ouverte avec des pouvoirs exploiteurs. Nous entrons alors dans ce qu'il faut bien appeler le combat politique. La réticence des chrétiens nantis face à cette lutte politique est parfaitement compréhensible. Mais je leur poserai la question : « Quoi faire d'autre, si l'égoïsme de ceux qui ont tout a provoqué à la misère, à l'avilissement, à la délinquance, au chômage, etc. ? »

Ce combat pour l'égalité, le partage, les chances égales pour tous en commençant par les plus défavorisés, devra lui aussi être vu à la lumière de l'Évangile.

L'appel au partage évangélique provoque parfois un combat politique. L'Église ne peut être indifférente à cela. C'est aussi ses oignons.

Drôle de paroisse

Jacques, un ancien truand, à la rue actuellement, me disait il n'y a pas longtemps : « Il n'y a presque aucun lieu d'accueil dans les paroisses de Paris pour des mecs comme nous. Pourquoi ne pas fonder, un peu partout, des endroits où on pourrait, de temps en temps, bouffer, mais surtout discuter ? » J'en ai ras le bol des curés de partout, dans Paris, qui me téléphonent jour et nuit pour loger, nourrir, habiller des mecs de leur secteur. Ils font de moi, souvent, une poubelle. Je les renvoie à eux-mêmes, en leur suggérant ceci : « Paris est rempli de chambres de curé inoccupées. » La propriété immobilière des diocèses de Paris et de banlieue vaut une fortune fabuleuse.

Inventez avec vos paroissiens, au lieu de vous morfondre dans des lieux de culte de plus en plus déserts, des petits lieux d'accueil, fraternels, ouverts à toutes les détresses.

Bien sûr, je sais combien certains prêtres sont sollicités, ils ne peuvent pas tout faire, mais s'ils mettaient dans le coup une bonne poignée de leurs ouailles, à tour de rôle, ils pourraient héberger, partager le pain avec mille et une détresses de leur secteur. Alors, peut-être que ces paroisses-là feraient moins de réunions, pour se poser la question de leur existence.

Effectivement, pour suppléer aux mille et une lacunes d'une administration souvent inhumaine, qu'elle soit sociale ou diocésaine, des bonnes volontés, de petites communautés sauvages peuvent apporter à tous les rejetés de partout un espoir. Cet accueil communautaire, ce n'est pas forcément accueillir chez soi, tout de suite et sans connaître. Ce n'est pas non plus un hôtel pas cher.

C'est peut-être un coup de fil qui, à vingt heures trente, nous fait nous arracher de la télé et passer deux heures avec un gars, manger avec lui et l'accompagner, là où il dormira.

Il faut que nous arrêtions de démissionner, de nous décharger de nos enfants qui poussent pas bien, sur l'école, l'hôpital, les spécialistes. Il faut que l'on cesse d'avoir peur des loubards, des clochards, des drogués et de tous ceux qui sont en manque de justice, d'amour, de tendresse et de force.

Un loubard en prison écrivait à son copain : « Si je peux te donner un conseil : n'agis pas avec brutalité avec les mecs qui sont comme moi. Pour nous, les “ voyous ”, comme ils disent, la tendresse et l'amitié sont les deux choses que, si elles sont bien données, peuvent faire de nous ce qu'on veut. Par la douceur, avec des mecs comme moi, on arrive à tout. Ne l'oublie pas ! »

La tendresse, l'amitié, ça, tout être humain peut le donner. Point n'est besoin de spécialistes. Un jour, je donnai à un gars un ticket de restau gratuit ; il me l'a envoyé à la gueule, en me disant : « Je me fous de ton ticket de bouffe, je n'ai pas becqueté depuis deux jours... J'ai simplement besoin de parler à quelqu'un. » Je n'ai jamais oublié.

S'il faut des spécialistes, il n'est pas question qu'on se décharge de tout et de tous sur eux.

Il n'est interdit à personne de se secouer les puces pour partager un repas avec le gars perdu qui passe. Naturellement, il n'est pas toujours bon d'ouvrir démesurément sa porte à tous les gens qui nous sollicitent. Ils peuvent repérer très vite nos quelques signes de riches et la fenêtre entrouverte qui leur permettra de revenir nous en délester. En revanche, les portes lourdes de serrures ne sont pas faites pour être ouvertes à ceux qui frappent. Ces derniers ne feront que les fracturer.

Mais, si notre porte est assez ouverte aux détresses de notre temps, ils sauront reconnaître à travers notre disponibilité que beaucoup de pauvres sont passés avant eux. Dans ces appartements-là, il n'y a, bien sûr, plus rien à y trouver, si ce n'est un bol d'amitié et l'écoute profonde de quelqu'un qui les respecte.

La neige tombait sur Fleury-Mérogis

La neige tombait sur Fleury. C'est la plus grande prison d'Europe. Et c'était en février dernier.

Je la regardais tomber, assis à côté d'un gars, dans sa cellule. Je me demandais bien par quel miracle j'avais la clef de la cellule en main et j'étais là, avec un de mes gars, discutant avec lui depuis une heure.

Depuis sept ans, je ne les avais vus qu'en parloir familial, après les familles, et cela grâce à l' « amabilité » des policiers du XIXe arrondissement de Paris, qui, à chaque fois que je demandais la carte de visiteur de prison, donnaient un avis défavorable au cours de l'enquête préalable de moralité. Pourtant, cette carte de visiteur de prison refusée depuis cinq ans m'était indispensable. En effet, elle donne le droit de voir les prisonniers en parloir avocat : c'est-à-dire sans aucune formalité fastidieuse et longue, et face à face, dans un bureau, au lieu de les voir derrière une barrière de Plexiglas, après mille démarches pénibles.

J'en avais parlé plusieurs fois au directeur de la prison, disant combien c'était injuste de m'empêcher ce contact direct, à moi qui suivais tant de gars du XIXe, pendant leur incarcération, et, surtout, à leur sortie.

La confiance totale qu'il m'a faite au cours de longues années de visite à Fleury, aboutit à l'autorisation de faire un stage de huit jours, en plein cœur de la prison. C'est pour cela que je me trouvais à côté de Jean-Claude, assis sur son lit et discutant interminablement.

De jour en jour, j'allais de découverte en découverte. J'avais la prétention, après plus de sept ans, de connaître la prison. Je m'apercevais que c'était bien autre chose que ce que j'imaginais.

Et surtout, cette neige qui tombait, lentement, symbolisait pour moi la façon avec laquelle la condition des prisonniers était étouffée.

C'est peut-être cette neige-là qui a décidé de ma nouvelle orientation.

Enfermez-vous dans votre chambre

Enfermez-vous dans votre chambre, si vous en avez une, et imaginez que vous allez y vivre pendant des années, y faire vos besoins, y manger, ne voir personne d'autre que la même personne qui vous ouvrira la porte, une fois par jour, pour sortir une heure, que vous resterez là-dedans vingt-trois heures sur vingt-quatre, seul, parfois avec un ou deux compagnons.

Imaginez que vous avez très peu de chance de travailler dans les ateliers et, si par hasard vous avez cette chance-là, vous allez bosser dur six heures par jour et vous ne gagnerez que trois à quatre francs par jour.

Ajoutez que vous avez droit au cinéma une fois par semaine, à un film souvent sur la violence, et vous comprendrez déjà un peu ce que nos frères prisonniers vivent.

J'ai senti, certains jours, une tension intolérable, une violence à fleur de peau, qui éclate souvent en bagarres sanglantes qui finissent toujours par le mitard : c'est-à-dire que vous vous retrouvez dans certaines prisons tout nu, dans une cellule, pendant quelques jours, entre trois jours ou un mois et plus, sans cigarette, sans lumière. Une heure de sortie par jour, entre quatre murs, au-dessus desquels il y a un grillage.

J'ai passé moi-même une heure, avec un jeune mineur, au mitard, dans une prison. Il avait jeté son repas infect dans le trou des cabinets. On l'a obligé, avec ses mains, à déboucher les W.-C. obstrués. Il a dû plonger les mains dans sa merde pour retirer le tout.

Je signale, en passant, que le mitard est pourtant formellement interdit pour les mineurs.

Nos paroles résonnaient terriblement dans cette petite salle nue faisant caisse de résonance. Son angoisse était terrible et j'ai fait appel, immédiatement, au directeur, pour qu'il sorte dans les heures qui suivent.

Ce système pénitencière ne peut que créer des fauves. Il est déshumanisant, il désintègre la personnalité, en ne produisant que violence, anxiété et haine.

Ceux qu'on appelle des « matons »

Je pensais d'abord, pendant ce stage, rencontrer de façon exceptionnelle les vingt-cinq mecs du quartier qui y étaient, et ensuite, une partie des quatre cent cinquante autres détenus, que je ne connaissais pas.

Ce fut une immense joie, pour les vingt-cinq, que je connaissais bien, et pour beaucoup d'autres. La seule chose dure, chaque matin, après avoir ouvert la porte et discuté avec chacun d'eux, c'était de refermer la porte moi-même.

Au-delà de ces contacts, une découverte importante : le travail des éducateurs de prison d'abord.

C'est en effet grâce à l'un d'eux que j'avais eu l'autorisation de faire ce stage. Leur travail est d'autant plus dur qu'ils sont trop peu nombreux pour une tâche qu'ils remplissent avec cœur, mais qui les use très vite.

Mais c'est surtout le travail de ceux qu'on appelle les « matons » que je découvrais (ce sont les surveillants de prison).

J'étais soufflé d'apprendre la dureté de leur tâche, littéralement enfermés, comme les mecs, vivant huit heures par jour dans ce bain de violence.

Je découvrais peu à peu leur travail. Bien sûr, comme dans tout milieu fermé, il y a un certain lot de sadiques et de brutes, mais il y a aussi des tas de gens qui, malgré les conditions de travail difficiles, essaient de comprendre les prisonniers, de les écouter et de répondre aux appels les plus urgents.

Le moins qu'on puisse dire est que les quelques mois de stage (trois mois) pour se préparer à aborder l'incarcération sont insuffisants. Mêlés trop vite à la foule des prisonniers, ils subissent toutes les tensions du monde carcéral.

Je sais que si ces hommes étaient mieux préparés à cette tâche, par moments infernale, ils pourraient être, en prison, un réel réconfort, alors que, débordés par un système qu'ils ne peuvent maîtriser, ils n'ont comme solution que d'endormir par tous les moyens les prisonniers qu'ils ont en charge. Dans beaucoup de prisons, au moindre signe de violence, ils bourrent les prisonniers de Valium, Tranxène,

Mogadon, moyennant quoi, ils bénéficient d'une paix relative.

La carotte et le bâton

Des réformes sont en cours, les prisonniers peuvent aller en permission à certaines conditions. Ça peut être aussi un excellent chloroforme : « Tu fermes ta gueule, tu nous fous la paix, moyennant quoi tu seras bien noté et tu pourras aller en permission. »

C'est le meilleur moyen de faire vivre quelqu'un à quatre pattes.

La carotte et le bâton jouent à fond la caisse, le gars écrase, de peur de manquer ce rendez-vous avec nous autres. Il rentre sa violence et essaie de se tenir peinard. Qu'il explose pendant ses quelques jours de sortie, c'est son affaire, on s'en fout.

La carotte et le bâton ne diminuent en rien la violence, ils permettent seulement aux prisonniers de se terrer comme des taupes et de masquer un peu plus leur déshumanisation.

Rencontre avec un ministre

Durant mon stage, un matin, en venant prendre mon service, j'aperçois devant Fleury un impressionnant attelage : voitures officielles et motards pullulaient.

Je me suis dit : « C'est un ministre en visite officielle, ou un " Mesrine " qu'on nous ramène. »

Arrivé dans le bâtiment, on me dit aussitôt que le ministre de la Justice était en visite officielle, précisément dans le bâtiment où j'avais été affecté pour huit jours.

N'ayant aucun désir de rencontrer le ministre, puisque j'étais stagiaire et que depuis quelques jours je ne faisais qu'apprendre, je montai quatre à quatre les escaliers (de peur de tomber sur le cortège officiel) pour aller visiter les mecs, dans les cellules. Manque de pot, je tombai sur M. Peyrefitte, qui, brillamment escorté, descendait l'escalier.

Le directeur, pris de panique, ne pouvait me laisser passer comme ça. En effet, le bâtiment où j'avais été affecté était le plus chloroformé. Aucun prisonnier ne vaquait seul, dans les couloirs, silence partout.

Le garde des Sceaux apercevant un blouson noir, filant à toute vitesse, sous son nez, ne pouvait que s'étonner et se poser des questions sur ce « délinquant » qui allait seul dans la prison.

Je fus, alors, aimablement stoppé par le directeur qui fit les présentations : « Le père Gilbert. » Le ministre, interloqué, se fit redire deux fois mes noms et qualités, avant de me donner du « Mon Père ».

Brièvement, il me demanda ce que je faisais là : je lui dis ce que j'y faisais et j'ajoutai combien il serait important que d'autres éducateurs puissent bénéficier des mêmes possibilités qu'on m'avait offertes.

Le soir, j'entendais dans ma voiture, en rentrant sur Paris, le ministre de la Justice clamer à la radio « combien le prisonnier était, à son avis, un homme à part entière, que tout devait être fait pour qu'à sa sortie de prison il soit accueilli comme quelqu'un qui devait revivre parmi nous ». Je buvais ces paroles tout en enrageant.

En effet, qu'avait-il vu de Fleury, à travers deux ou trois contacts fugitifs avec des prisonniers ?

Comment, dans une cellule parfaitement astiquée, et un air de fête apparent, avait-il senti la détresse de tous ceux qui, vingt-trois heures sur vingt-quatre, désespèrent, sont coupés de tout et de tous, ne travaillant pas ? (Sur trois mille sept cents prisonniers à Fleury, quatre cents seulement travaillent.)

Qu'avait-il vu ? Comment pouvait-il comprendre qu'en France, un prisonnier sur deux récidive à cause, précisément, de la déshumanisation qui caractérise la plupart des prisons françaises et de notre indifférence quand ils sortent ?

Qu'est-il fait, à la sortie, de valable pour qu'ils atterrissent correctement après des mois et des années, coupés de tout ?

Valéry : il faut aller plus loin

Monsieur le Président, j'ai fort apprécié ton geste, le jour où, à la prison de Lyon, tu as serré la main à un prisonnier.

C'était à mon sens ton plus beau geste d'homme politique, parce que, avant toi, toute personnalité s'interdisait de serrer la main à un taulard. La peur, sans doute, d'attraper une maladie honteuse.

Et puis, ton geste, c'était gratuit. Parce que ça, apparemment, ça ne doit pas être payant, au point de vue électoral.

Tu as dit aussi de très belles paroles, sur les prisonniers, notamment qu'ils étaient des hommes comme les autres.

Bien sûr, tu as dit qu'ils devaient expier leurs agressions ou leurs délits, mais qu'on ne devait pas AJOUTER, A L'EXPIATION NÉCESSAIRE, UNE DÉTENTION DÉSHUMANISANTE.

Je me souviens que tu as dit ça, mais depuis que tu l'as dit, c'est resté lettre morte.

Va donc visiter la prison du Mans ; tu risques d'avoir des nausées face aux trous à rats où ils sont enfermés.

Va jeter un œil à la prison de Fleury-Mérogis, et tu comprendras pourquoi cette prison, en France, compte le plus grand nombre de suicides manqués ou réussis.

Là, c'est propre, mais tout est anonyme, régi par des boutons et commandé par interphone.

Si vraiment tu as décidé que les prisonniers restent des hommes, quoi qu'ils aient fait, alors, ils faut tout faire pour qu'ils le soient.

Pour cela, il faut en prendre les moyens.

Je me devais de te dire ça, parce que tu es notre président, et que si tu as été élu, c'est pour écouter la voix de ceux qui crient justice, même si ceux qui crient justice sont derrière les barreaux.

Des murs nus

J'ai vu des cellules aux murs nus, personne n'écrit à certains prisonniers, ils n'ont aucune racine, nulle part ; parents, amis, éducateurs, tout le monde les a abandonnés.

J'ai vu d'autres cellules, notamment celles des gars de notre équipe, les murs couverts de cartes postales. Ils ne s'arrêtaient pas de commenter les noms de ceux qui leur avaient écrit.

Un panneau, dans notre permanence, affiche les noms et adresses de prisonniers de l'équipe. J'ai un lot impressionnant de cartes postales prêtes à envoyer.

J'étais, pendant longtemps, le seul à écrire aux prisonniers. J'ai noté ceci : acheter une carte postale, pour un copain en prison, un timbre et une enveloppe n'était, pour les jeunes de la rue qui traînent partout, sans sacoche ni carnet, pas facile. Depuis des années, ils savent qu'ils peuvent trouver tout ça à la permanence. Combien de centaines de fois ne m'ont-ils pas demandé : « Passe-moi un timbre, une enveloppe, une carte, faut que j'écrive à un tel ? »

Grâce à ça, il est impossible que, dans l'équipe, un gars en prison soit laissé pour compte, mais surtout, ce qui est important, c'est le témoignage communautaire.

Ce n'est pas Guy qui écrit au prisonnier, mais toute la rue, le quartier. Je noterai simplement, par ailleurs, qu'il y a un risque important, parfois, à donner l'adresse de n'importe quel correspondant ou correspondante à n'importe quel prisonnier. Il est bon alors de servir nous-mêmes de boîte postale, en gardant l'anonymat de la correspondante ou du correspondant. De toute façon, l'échange de lettres aura été bénéfique, tout en évitant des surprises, une fois le gars sorti. Les murs nus de la prison vous pouvez les colorer.

Ce qui m'a frappé également, ce sont les innombrables photos de sexe étalées sur tous les murs des cellules, le « zoom » sur les vagins les met dans un état d'excitation extrême. C'est aussi ça, la grande pauvreté des prisons, aucun contact sexuel, une affectivité exacerbée. Tout est fait pour que l'homosexualité règne en maître.

Que pouvons-nous changer nous ?

Nous ne détruirons pas de sitôt le système carcéral actuel. Je propose simplement que nous entrions par les portes qui s'entrouvrent et que nous ne les enfoncions pas, de peur qu'elles ne se referment.

Je dis et je crie partout que si nous voulons, nous pouvons casser le mur qui entoure le prisonnier.

On ira toujours visiter un malade dans un quartier, mais on n'osera pas aller voir la famille d'un prisonnier qu'on connaît (il est la honte du quartier).

C'est ce mur de la honte qu'il faut détruire. A partir du moment où l'on aura franchi cette première étape, on aura bien fait avancer les choses. Si vous écrivez au prisonnier de votre quartier, vous pouvez aussi lui envoyer un mandat de temps à autre et même, aller le visiter. Il suffit de vous renseigner au palais de justice de votre ville et de remplir quelques formalités. Il faut aussi s'informer, aller à l'encontre de toute une presse qui juge et accable les permissionnaires en cavale ou exceptionnellement meurtriers.

Cette presse-là nous fait croire que beaucoup de prisonniers en permission ne reviennent pas en prison. Alors que 3 % seulement refusent de revenir en détention et que 0,003 % seulement d'entre eux commettent des délits, ou des agressions sur des personnes, durant les quelques jours de leur permission.

Un prisonnier accueilli durant sa permission a toutes les chances de pointer, à l'heure prescrite, à la prison.

A nous de jouer, là où nous sommes,
si nous voulons changer quelque chose

Pas de messe de minuit

Vers trois heures du matin, une nuit de Noël, on m'appelle d'urgence au téléphone d'un bar. Un gars armé d'un pistolet à barillet et complètement soûl menaçait les gens qui consommaient. Je connaissais bien le gars. Aussi la personne qui m'appelait m'a supplié d'intervenir. Je suis parti aussitôt.

Croyant que le gars me reconnaissait, je m'avançai, il tira aussitôt sur moi, à bout portant. Par une chance incroyable, il n'y avait pas de balle pour ce premier coup. Il me reconnut, et se jeta dans mes bras. Je pris le pistolet, la balle était juste après. J'ai passé le reste de la nuit avec lui.

C'est des nuits de Noël qu'on n'oublie pas.

Tant qu'il y aura dans le quartier et dans le monde quelqu'un qui sera seul, je ne pourrai célébrer la messe de minuit. La meilleure façon de retrouver Jésus-Christ, cette nuit-là, sera de rester à ses côtés.

Je vous laisse cette prière cruelle et vraie, lue quelque part :

« Merci, mes frères...

J'avais faim, et vous avez fondé un club à but humanitaire où vous avez discuté de ma faim. Je vous en remercie.

J'étais en prison, et vous vous êtes glissés à l'église, priant pour ma libération. Je vous en remercie.

J'étais nu, et vous avez examiné sérieusement les conséquences de ma nudité.

J'étais malade, et vous êtes tombés à genoux pour remercier le Seigneur de vous avoir donné la santé.

J'étais sans toit, et vous m'avez prêché les

ressources de l'amour de Dieu. Vous paraissez si pieux, si près de Dieu...

Mais moi, j'ai toujours faim, je suis toujours seul, nu, malade, prisonnier, et sans toit. J'ai froid... »

Bonne nuit de Noël !

Son visage défiguré

Son visage défiguré apparut sur le petit écran, à l'heure des informations. La France entière regardait, soulevée de colère, cette vieille femme, au visage martelé de coups. Elle écoutait ce que des jeunes, après une longue beuverie, avaient fait à une femme presque octogénaire. Ses agresseurs ne pouvaient trouver être plus démuni. Une pension dérisoire pour survivre. Une infirmité irrémédiable qui, jour après jour, la poussait à se traîner de plus en plus lentement, de meuble en meuble.

L'un des deux gars l'avait frappée pour qu'elle donne sa cachette. Le plus jeune avait seulement regardé la scène. Ils ont bondi vers l'argent. Pendant qu'ils se partageaient les maigres deux cents francs, la pauvre vieille, dans un réflexe de grand courage, après avoir remarqué la clef restée dans la serrure, les enferma à double tour. Il ne restait plus qu'à appeler au secours.

Quand les policiers me les amenèrent, enchaînés, pour la perquisition obligatoire puisque je les avais hébergés depuis huit jours, nos yeux se croisèrent.

Les deux gars restaient là, plantés devant moi. Ils durent lire dans mon regard le dégoût, l'écœurement, la honte pour ce geste inqualifiable. Ils purent lire ensuite toute la fraternité du monde, pour les aider dans l'expiation qui venait de commencer. Les coups avaient dû pleuvoir toute la nuit, au commissariat, où ils avaient été conduits. Les policiers, comme d'habitude, ne s'étaient pas gênés pour commencer à faire leur propre justice.

Les coups ont continué à la prison. Les prisonniers n'ont pas l'habitude de faire de cadeaux aux arrivants dont ils ont vu commenter les méfaits dans la presse de la veille. Dès l'arrivée du gars, c'est encore les coups, la poubelle sur la tête, les insultes, pour lui signifier l'ignominie de son geste. Le gars n'a qu'un seul recours : demander l'isolement.

Il sera dans une cellule, totalement isolé des autres, vingt-trois heures sur vingt-quatre. Aussi, lorsque je suis allé voir le plus jeune, au parloir, celui-ci, dès qu'il eut saisi mon regard, s'effondra sur la banquette. Ses larmes explosèrent littéralement... Il resta la tête dans les bras, vingt minutes, ne pouvant supporter mon regard.

Rien ne fut dit. Absolument rien. L'immense silence, entrecoupé de sanglots, traduisait assez sa honte, sa solitude et aussi sa joie de voir celui qui, quoi qu'il ait fait, ne lâchera jamais sa main.

J'ai été pris de court

Est-il nécessaire d'ajouter que le plus vieux n'a connu que les coups, juste avant d'être abandonné ! Qu'à dix-huit ans et après avoir connu son quatorzième centre, il a été jeté à la rue, sans bagages, sans profession, sans argent, et qu'il a connu la prison un mois après...

Je ne l'ai rencontré pratiquement qu'en prison, depuis quatre ans. Il en sortait depuis quinze jours, au moment de l'agression.

Le plus jeune a été, lui, rejeté du milieu familial dès l'arrivée d'une belle-mère ignoble. Il a poussé n'importe comment, au hasard des rues. Il a fallu une rencontre, suivie d'une beuverie, pour qu'il accepte de suivre l'autre. Ce dernier avait accumulé durant quatre ans d'incarcération (je l'ai senti tout de suite après l'avoir accueilli dès sa sortie de prison) un poids de violence et de haine que je croyais pouvoir endiguer au fil des mois. J'ai été pris de court.

Tous les deux vont payer cher cette agression inqualifiable, qui ne peut nous faire oublier que tous les deux ont été violentés depuis toujours.

En attendant, si les parents du plus vieux n'ont plus donné signe de vie depuis longtemps, le père du deuxième m'a annoncé, lui, qu'il n'en donnerait désormais plus : « Ce n'est plus mon fils : qu'il ne remette plus jamais les pieds chez moi. »

Les deux mains mutilées

Dans la soirée du dimanche 20 mars 1977, une dispute éclate dans un café du quartier à propos d'une dette de jeu. Aux prises, un adulte et un jeune de quinze ans, Dédé. Deux policiers qui passaient, croyant à une agression, se saisissent du jeune André et le frappent violemment.

Son copain, Mohamed, vingt-deux ans, qui a assisté à la scène, voyant Dédé saigner de la tête, signale aux policiers qu'ils frappent un mineur, et qu'il se porte témoin de leurs brutalités.

Les policiers invitent Mohamed, comme « témoin », à monter dans le car de police qui avait été requis pour le jeune André. A peine monté dans le car, Mohamed est très violemment frappé. Les deux gars sont amenés au commissariat de la mairie du XIXe arrondissement. André qui souffre de plusieurs coupures, est conduit à l'hôpital. Mohamed est emmené dans une pièce sombre où il ne peut voir les policiers, une dizaine selon lui, mais qui, eux, semblent parfaitement le voir. Ces derniers le frappent à coups de pied et de poing debout et au sol. Les injures pleuvent : « sale race », « fils de pute », « ces mecs qu'on devrait mettre dans des camps de concentration »... Couvert de sang, il demande des soins. On l'invite tout simplement à « crever ». Il reste huit heures dans les locaux du commissariat, sans soins. Il souffre atrocement des deux mains. Il est admis d'urgence à l'hôpital Bichat, après de longs interrogatoires, le lendemain à treize heures. On l'opère tout de suite pour une fracture du pouce gauche. Il a le tendon de la main droite coupé. On soigne ses autres plaies. En dépit des conseils des uns et des « réticences » des autres, Mohamed, soutenu par notre équipe d'éducateurs, a déposé plainte avec constitution de partie civile et témoignage circonstancié, envoyée à l'Inspection générale des services de la Préfecture de Paris. *Le Monde* a fait paraître un article, « Mohamed insiste », le 3 avril 1979 dans la rubrique « Justice ». Le quartier a été mis dans le coup.

Plusieurs réunions, notamment avec les élus et les associations du quartier, permettent de penser que de tels faits ne passeront plus inaperçus et risquent de provoquer plus qu'une condamnation.

Une prise de conscience collective. Mais je me dois de préciser que plus de deux ans après la mutilation de Mohamed, on n'a pas retrouvé les auteurs de ce délit. La justice couvre trop souvent ce qu'on appelle en France des « bavures » et qui sont tout simplement de la délinquance policière.

Nous ne pouvons nous taire

C'est à l'occasion de ce fait grave que nous pouvons dire ce qui se passe dans notre quartier.

En accord avec notre association, notre équipe-rue s'est depuis des années occupée du secteur le plus dur : cité de Cambrai et cité de l'Ourcq, dans le XIXe arrondissement à Paris, secteur de La Villette. En effet, nous avions noté que la plupart des gars de ces secteurs, notamment de l'Ourcq, « retombent » sans cesse, coincés qu'ils sont dans un quartier très pauvre, sans espaces verts, sans possibilités de loisirs, travail inexistant...

Nous avons depuis trois ans lancé une action éducative importante qui commence à porter ses fruits.

Du côté de la police, nous avons noté ceci : un comportement extrêmement brutal vis-à-vis des jeunes que nous connaissons dans le quartier cité, et cela dû à certains policiers. Les sévices pratiqués sur les jeunes sont de ce type : quoi que les jeunes aient fait, interpellations souvent très brutales, suivies de coups immédiats. Ensuite matraquage dans le car de police : avec des matraques en bois, alors que les jeunes ont parfois des menottes dans le dos et aux pieds. Coups très violents sur la tête et sur tout le corps...

Arrivés au commissariat, déposition souvent entrecoupée d'injures très grossières et rematraquage ensuite dans la cage. Parfois, ils coupent très brutalement la chevelure d'un gars. Il arrive que le gars soit mis dans une chambre complètement noire où l'attendent des policiers qui le frappent avec une très grande violence.

Un gars s'est réveillé à l'hôpital après vingt-quatre heures de coma, à la suite de ce traitement.

Mohamed Bachiri a subi le même supplice dans la même pièce du commissariat de la mairie du XIXe arrondissement, d'où son état révélé par *Le Monde.* Certains mineurs de moins de seize ans qui récidivent ont subi les mêmes traitements, sauf la pièce noire.

Les gars nous disent souvent que certains policiers, étant dans un état d'ébriété, se comportent avec une rare violence, leur font signer n'importe quoi. Le tribunal alors sera essentiellement la chambre d'enregistrement des conclusions et volontés de la police.

Ces brutalités sont le fait de certains policiers : l'un d'entre eux, de la deuxième brigade territoriale, était particulièrement renommé en ce sens. L'un ou l'autre s'oppose parfois aux brutalités de leurs collègues, au dire des jeunes.

Nous constatons le fossé de plus en plus infranchissable entre la police et les jeunes du quartier. En effet, notre présence auprès des plus durs a été de plus en plus mal vue par les policiers du secteur sans que nous le cherchions, le voulions ou bien entendu.

A la simple évocation de nos noms, ils nous couvrent d'ordures devant les gars. Les trois avocats que nous connaissons bien nous ont soutenus dans notre action.

A travers Mohamed, ce sont tous les gars du secteur et de partout qui sont bafoués dans leur dignité que nous voulons défendre.

Si nous ne sommes absolument pas d'accord avec les agressions commises par les jeunes, nous pensons que les agressions commises par certains policiers du secteur à l'encontre des jeunes d'ici sont aussi condamnables et doivent être dévoilées avec force par ceux qui les subissent et par les éducateurs qui en sont les témoins. Disant cela, je ne suis pas « antiflic » et suis conscient du travail à la fois impossible et respectable qu'on demande aux policiers.

Comme une marque de lessive

J'ai conscience aujourd'hui que Bernard Pivot, animateur de l'émission de télévision « Apostrophes », m'a lancé, le 7 avril 78, comme une marque de lessive. Je n'avais jamais regardé auparavant ce type d'émission (je ne consacre par an que quelques heures à la télévision). Je me suis senti fort à l'aise avec les autres auteurs et avec Bernard... que j'avais trouvé sympathique et ouvert. Mais c'est le lendemain que j'ai compris l'audience de cette émission et l'énorme impact qu'elle a. J'en ai eu très peur à cause de la notoriété énorme qu'elle traîne avec elle. Deux mois après, j'en ai moins peur.

Le téléphone bloqué (je salue le courage et la patience de mes adjoints), le courrier monstrueux et surtout — mais alors là, cela reste humain et très sympa — le dialogue partout en France avec mille et une personnes dans la rue.

En commençant par le flic, qui après m'avoir sifflé en prétendant que le feu orange que j'avais passé était plutôt mûr, me reconnaissant, me demande une dédicace immédiate (ce qui est mieux finalement qu'une contravention), et en finissant par toutes les mémés du quartier et surtout les jeunes de la rue de partout.

Quelle chaleur quand je suis arrêté par les gars sortis de taule et qui, ayant vu l'émission, me disent « merci » en tenant à me serrer la main.

Quelle joie de lire dans certains regards de mecs n'en pouvant plus mais me faisant comprendre que s'ils ne peuvent pas dire leur vie, ils sont fiers que d'autres la crient avec tendresse et force, sans leur faire écran.

L'essentiel pour moi, c'est que les gars et les filles du quartier, après avoir lu le livre, *Un prêtre chez les loubards,* l'aient trouvé valable. Ça seul compte pour moi.

« Curé gadget »... ou apôtre de la Parole et des petits

Parmi les interviews, très nombreuses, demandées, j'ai bien sûr évité *Spécial dernière,* Philippe Bouvard et compagnie... Tout ce qui me semble vouer ma personne au sensationnel, je l'ai vomi. Dans cette affaire, je ne compte pas... Et pourtant, sans cesse, les medias essaient de tout ramener à mes cheveux, à mon langage (fort peu châtié, c'est connu) ; mon cuir, mon jean, et ma 500 Honda (que j'ai vendue le lendemain d'« Apostrophes »). Sans cesse, je réponds aux journalistes que ce sont ceux pour lesquels j'ai écrit qui comptent et qui doivent être écoutés et entendus. Il est évident que les mecs, même favorables au bouquin, m'attendent au tournant.

Ils me l'ont dit : « De qui tu t'occupes : des journalistes ou de nous ? » « J'ai passé en justice hier après-midi. T'es pas venu. » « On m'a dit que tu donnais une interview. »

Il fallait que je réponde à ça. J'ai vite choisi. Je me suis barré. Je me suis souvenu que Jésus poursuivi par la foule s'était sauvé dans la montagne. J'ai fait la même chose. Je suis allé à trois reprises vivre avec un gars qui m'appelait à l'aide au fin fond de la France, faire du mortier avec lui, mastiquer des carreaux et refaire une toiture.

Faire des gestes humbles et cachés, sous le regard d'un gars fier de me montrer comment on se sert d'outils, c'est radical pour ne pas se prendre pour une vedette et ne pas penser à se regarder le nombril. Je veux rester un apôtre de la Parole, vivant avec les petits. Je ne veux être récupéré par personne... Seulement par l'Évangile.

Vous n'êtes qu'un salaud

« Vous n'êtes qu'un salaud de mauvaise foi, ou tout simplement un imbécile. De toute façon, vous êtes malfaisant. Et puis coupez donc votre ridicule tignasse. Elle ne ressemble en rien aux longs, beaux et propres cheveux d'un Jésus-Christ que vous représentez si mal. » C'était une parmi les dix-huit mille lettres reçues. J'ai répondu sur-le-champ.

En effet, priorité absolue à l'humour face à cette correspondance échevelée :

« Chère Madame, merci de votre lettre particulièrement “ amicale ” ; une précision cependant : puisque vous me semblez, deux mille ans après, si bien renseignée sur la propreté des cheveux de Jésus-Christ, pourriez-vous d'urgence m'indiquer la marque du shampooing qu'il utilisait ? »

Heureusement, des lettres de ce type sont rares. Beaucoup de lettres, par contre, admiratives.

Quand j'ai le temps, je réponds : « Je n'ai rien à faire de l'admiration que tu me portes. Que fais-tu, toi, là où tu vis ? »

Beaucoup surtout me disent combien le livre les a aidés à comprendre, à ne pas juger, à aimer. « Merci de lutter ainsi, à mon tour de foncer, d'aimer, de lutter. » Ça, c'est un trésor... Et c'est ma relève, partout.

Quelques-uns, aussi, et ça c'est merveilleux, qui me guident en usant de la correction fraternelle :

« Guy, je saisis cette occasion de t'écrire pour te dire très simplement " casse-cou ". En effet, avec ton livre, tes interventions à la télé et à la radio, tu deviens un peu vedette. Tant d'autres se sont cassé la figure à cette épreuve et ce sont les " petits " qui en font les frais. »

Merci, Geneviève.

« Fais gaffe, Guy. Que ton éditeur te vende à tous les journaux, c'est son métier. Mais n'en rajoute pas. J'ai eu mon heure de gloire à la radio et à la télé. Mais j'ai arrêté le jour où un pote m'a fait comprendre que j'allais me casser la gueule. Je prends ton boulot trop au sérieux pour ne pas te dire de ne pas faire le con. Les puissants sont des salauds. »

Merci, François.

Francis et l'Évangile

Quand j'ai prêché le 2 avril 1978 à la messe télévisée et que juste avant de commencer, je regardais le texte que j'allais donner face aux projecteurs et que je savais que ça allait être dur de parler des prisonniers, de dénoncer leurs conditions de vie, souvent inhumaines, notre refus de comprendre, qu'ils restent des hommes quoi qu'ils aient fait, j'ai eu deux secondes de panique, et puis j'ai vu au fond de l'église Francis adossé au dernier pilier. Il sortait de prison, et son silence, depuis, m'avait impressionné.

Je me suis dit alors : « C'est pour lui, Francis, que je dois parler d'abord. » Et puis ensuite, en un éclair, je me suis dit : « Qu'est-ce que j'ai à perdre ? C'est au nom de l'Évangile que je veux parler. Ma force, c'est l'Évangile, rien d'autre. »

En un instant la panique s'est muée en désir puissant : annoncer l'absolue priorité de nos vies de chrétiens à tous ceux qui sont écrasés. En même temps crier l'Évangile qui a le pouvoir étonnant de donner un formidable souffle d'Espérance. C'est ÇA qui doit crever l'écran. Si ça a passé ainsi, c'est tant mieux pour l'Église et les petits.

Faune et flore disparaissent

Dès qu'ils arrivent, faune et flore disparaissent dans un rayon de deux cents mètres. Les poules se planquent, les lézards se terrent. Déchaînés, ils s'en prennent d'abord à la malheureuse volaille, dont les plumes s'éparpillent au gré du vent. Le coq se révèle le plus menacé. On l'a retrouvé deux ou trois fois assommé. Il a survécu à ce rude traitement. Quant à Anémone, la truie baptisée ainsi (allez savoir pourquoi ?), elle n'accepte pas *a priori* le traitement de choc. Quand les hordes successives vont la visiter tendrement (à coups de bâton, bien entendu) dans sa porcherie, elle se rebiffe et parfois saute par-dessus la porte, à la terreur des Attilas en herbe qui, adorant cette résistance, après s'être repliés en hurlant, reviennent à la charge.

Le chevrier, quant à lui, m'annonça tragiquement que la récolte de lait avait baissé de cinquante pour cent les huit premiers jours. Effectivement, on ne peut nier que certains étaient très doués pour traire les chèvres. Mais en y regardant de plus près, ils se servaient du pis des biques comme arme offensive pour envoyer une giclée de lait dans l'œil de leur voisin. Les deux trajectoires lactées étaient fort peu appréciées des chèvres qui, ruant dans le seau, renvoyaient au lendemain la possibilité de faire du fromage. A cela s'ajoutaient les rires, les cris.

Quand on sait les habitudes de silence et de paix que ces ruminants exigent, en temps ordinaire, on comprend la baisse subite de leur précieuse source de revenu.

Les premiers jours sont rudes aussi bien pour le bétail que pour les belligérants qui, souvent, s'adonnent avec passion entre eux à des agressions où plaies et bosses fleurissent aussi vite que les réconciliations rapides et éphémères.

Les fleurs par brassées sont cueillies dans un rayon important, la plupart du temps arrachées avec le pied. Tout ce qui sent bon est ainsi « délicatement » extrait, en vue d'être repiqué on ne sait où. C'est, bien sûr, aussi vite abandonné que cueilli.

La horde parisienne, au bout de huit jours, s'apaise. Non pour faire un bilan, mais faute de combattants, si je puis dire. La razzia systématique, et surtout un début d'accoutumance à un paysage, aux animaux, au temps, permettent un changement d'attitude. Ils commencent enfin à apprécier, à sentir, à regarder autour d'eux. Il faut, à chaque horde de petits qu'on amène l'été à la ferme de Provence, tolérer ces moments intenses de destruction (qui se font bien sûr dès qu'on a le dos tourné) pour qu'ils découvrent d'eux-mêmes qu'à la violence de la ville succède une autre violence pacifique, celle d'une merveilleuse nature, embaumée, fleurie, vivante.

D'excellents spécialistes

Très vite, certains se révèlent d'excellents spécialistes. Thomas, dix ans, qui, à la suite d'une déformation du pied, s'étale de tout son long toutes les quatre secondes, n'a pas eu besoin dans ces conditions de se pencher souvent à terre pour apprécier très vite mille formes de cailloux. Il découvrait, avec la plus grande facilité, la terre et ses prodigieux trésors. Il fit la découverte de très beaux fossiles qui envahissaient un peu trop lourdement sa valise au départ. Mais quelle joie de le découvrir penché de longues minutes sur un étrange caillou, contemplé, répertorié, et ensuite passé de main en main pour une découverte commune.

Ils sont laissés à leur inspiration qui, bien sûr, n'est jamais prise en défaut. Inspiration suivie discrètement par les éducateurs qui les accompagnent. Leurs projets sont les nôtres, et tout ce qui peut sortir de bon de ces petites têtes parisiennes est immédiatement suivi d'effet.

Les récoltes d'escargots sont fort courues, ce qui nous avait valu une solide algarade des villageois, venant pieusement me dire leur scandale de découvrir toute la horde ramassant les escargots dans le cimetière. Ce n'était pas tant les tombes par-dessus lesquelles ils se déplaçaient à grande vitesse, sans crainte ni respect, qui étaient l'objet du scandale, mais les escargots qui sont, je l'ai appris ce jour-là, intouchables dans les limites d'un cimetière. Ils s'en régalèrent sans souci de l'effroyable effet (promis par certains villageois) qui allait suivre la digestion de ces charmants mollusques.

Je reverrai toujours le petit Thierry, dix ans, grimper à l'assaut du haut tabouret, et s'asseyant au comptoir du bar du village, mi-sérieux, mi-rieur, commander un tonitruant « Whisky Coca ». Le barman faillit en perdre le souffle. Ou bien toute l'équipe des petites dansant autour de la boîte à musique un solide et strict jerk qui laissait pantois les vieux du village, suspendant quelques minutes leur éternel jeu de cartes, pour regarder ces corps d'enfants évoluer dans un rythme précis et remarquablement appuyé.

« Kiki, on va te juger »

Leur façon de vivre en communauté, et dans le quartier déjà en bande, est riche de réflexions. Depuis quelques jours, quelques-uns s'apercevaient que la ferraille monétaire de leur fond de blue-jean s'évaporait. Ça pouvait être mis sur le compte de leurs ébats multiples. Mais la nuit étant leur seul moment d'immobilité, il semblait étonnant, l'aube se pointant, que leur argent ait disparu. Ils cherchèrent, enquêtèrent, et prirent la main dans le sac Kiki.

Le repas qui suivit fut houleux. Et puis l'un d'entre eux lança : « Il faut juger Kiki. » Aussitôt dit, aussitôt fait. Le dessert englouti, la horde se rassembla dans une chambre de la ferme. Trouver un avocat fut plus que facile : dix se présentèrent.

Je fus commis d'office comme juge, présidant la séance. Je choisis deux assesseurs. L'avocat général mit du temps à accepter de défendre cette société enfantine, contre l'un d'entre eux.

Kiki fut présenté à la cour. Je commençai très brièvement l'interrogatoire. Je posai la question fondamentale : « Combien de copains et copines as-tu volé ? » Atterré, le tribunal improvisé entendit Kiki dire ces deux mots : « Presque tous. » Le banc des avocats n'eut plus la même fougue pour dénoncer tout ce qui avait pu provoquer chez Kiki cette razzia systématique des fonds de poche.

Enfin la sentence tomba : « Impossible de tout rembourser, tu n'aurais plus de sous pour ce camp et tu aurais la tentation de repiquer. Mais si tu recommences, la peine sera dure car on a confiance en toi, et ça, ça ne se trompe pas. » La cour entière se porta garante de Kiki pour, sans le surveiller, l'aider à ne plus piquer. Kiki ne piqua plus jamais dans aucun camp.

Depuis le 1er mai 1975, jour où Christophe, jouant sur les toits de la rue de l'Ourcq, se tua dix mètres plus bas, j'ai promis en l'enterrant de nous lancer avec l'équipe au service des plus petits. Pendant quatre ans, nos camps furent centrés sur ce monde des huit-treize ans, turbulents, violents, agressifs mais à la prodigieuse humanité. Ils sont presque tous fils ou frères des gars en prison, dans la rue, du quartier. Quelque chose a changé dans ce quartier depuis. Une action continue après les camps, petite, humble, mais qui laisse bien présager de l'avenir.

Il était mon préféré

Je ne le disais pas. Je ne le montrais pas. Mais qui l'ignorait ? Une attitude fugitive. Sa façon de marcher me rappelait que, s'il n'était pas mon fils, il n'était pas loin de ce qu'il avait éveillé en moi de fibres paternelles, depuis huit ans.

Sa mère parfois en souriant me le disait. Ma belle-sœur, depuis la mort de mon frère, tué sur la route, il y a huit ans, mène courageusement ses sept enfants. Je l'y aide de loin comme de près de toutes mes forces. Les difficultés financières, même si elles furent et restent grandes, ne sont pas le handicap suprême.

C'est de les voir pousser qui est la joie de ces huit ans. Ils grandissent ensemble sans heurts, unis, mûris par l'épreuve, et je passe un week-end avec eux dès que je le peux. Mantes-la-Jolie est aux portes de Paris. Dans le travail écrasant que j'assure, c'est parfois bien loin pour moi. Mais dès que je le peux, je fonce les rejoindre.

Depuis six ans, Christian était de tous les camps. L'été, depuis deux ans, il allait dans la ferme de haute Provence garder les chèvres. Il avait un sens aigu des responsabilités. Il voulait avaler vite les années pour remplacer son père auprès de ses frères et sœurs. Il gagnait, l'été, son argent de poche de toute l'année. Je l'avais laissé avec son frère après le dernier camp, en août dernier, le temps de rentrer les jeunes à Paris. Ils préféraient rester tous deux à la ferme, pour terminer leur travail de chevrier. Je devais les retrouver trois jours après, pour passer la semaine avec eux. Pour Christian, le rendez-vous était pour l'éternité.

Sur le point de les rejoindre, je mangeais un soir chez un gars à Paris, quand on vint m'annoncer la nouvelle : « Christian a été pris dans un tourbillon dans les gorges. » Je connais depuis six ans le Verdon. Je sus tout de suite que c'était l'irréparable.

Il reste vivant parmi nous

Sauter dans le premier train et foncer avertir la mère et la sœur aînée qui se trouvaient dans le Sud fut la première tâche affreuse de ce calvaire. Et puis, avec elles et les petits accourus du fond de la Bretagne, aidé de plusieurs mecs qui avaient tenu à foncer les chercher, aller sur les lieux et attendre. Attendre que le Verdon rende les deux corps (celui qui guidait l'excursion avait été pris avec Christian). Deux jours après, les cadavres étaient repérés. Aller les chercher en bas, les remonter lentement, fut à la fois terrible et réconfortant, tant les bénévoles étaient descendus nombreux pour se relayer auprès des corps.

Après avoir demandé aux porteurs de faire halte, lentement, je traçai le signe de croix sur le visage glacé qui gardait par-delà la mort une expression poignante d'étonnement.

L'église de La Palud-sur-Verdon voulut les accueillir. Sans cercueil encore, mis sur une table, c'était la veillée funèbre à nulle autre pareille. Le village entier vint, du plus petit au plus ancien, apporter une fleur, un mot de sympathie, quelques sous, une présence.

Christian était d'une stupéfiante beauté. L'eau glacée du torrent avait laissé intact un léger sourire, une moue désabusée qui lui était habituelle.

Le cœur broyé, avec sa mère, nous ne pouvions nous détacher de ce visage qui éclatait d'innocence, de jeunesse, de paix.

L'enterrement à Rougon fut d'une grandeur dont seul peut témoigner un village aux routes sans issue, mais aux traditions de simplicité et de partage inégalées. Il a été porté en terre dans le cimetière de Rougon.

Pour moi, la dernière prière faite, la dernière fleur lancée sur le cercueil de bois blanc, j'ai senti une force nouvelle me saisir pour continuer la tâche accomplie.

Christian avait su, à travers six ans de camps avec moi, acquérir l'estime et l'amitié unanimes des mecs avec lesquels je vis. Il avait su vivre auprès d'eux, sans en rien être atteint par leur délinquance, mais en cherchant et en trouvant en eux ce qui était le meilleur.

A travers l'extraordinaire amitié et solidarité des gars, nous avons bien compris combien ils l'avaient ressenti. Christian reste pour nous le ciment qui consolide ce que nous avons construit sur cette montagne. Sa mort, terrible pour la mère, ses proches et moi-même, a déjà porté ses fruits.

Il reste vivant parmi nous, témoin invisible de l'amitié, du partage, de la fraternité, qui unissent tant de jeunes venus depuis six ans retrouver dans ce coin de haute Provence une oasis de liberté, un coin de rêve, et un lieu où il fait bon vivre et espérer.

La crèche des loulous : Émilienne

Je ne sais où ils l'ont dénichée. Je pense que c'est dans un des bistrots du quartier. Après soixante-dix ans de vie dure, seule, sans plus personne, quatre-vingt-neuf ans cette année, elle boit sec et ne crache jamais sur un cigare. Émilienne, c'est un vrai monument à visiter...

Un gars de la rue, un soir de Noël, nous a dit : « Il faut inviter Émilienne à manger avec nous cette nuit. » Aussitôt dit, aussitôt fait. Depuis trois ans, elle a sa place dans la crèche des loulous du XIXe. Elle est au cœur de cette nuit, leur nuit. Elle en parle dès le mois d'octobre, tant elle a peur de ne pas arriver jusque-là ou qu'on l'oublie. Cette année, Émilienne sera là avec nous. Après un joyeux et simple repas, on la raccompagne chez elle (je crois que cette année deux solides loulous la porteront, car ses jambes ne la portent plus guère).

Ensuite on partira tout le reste de la nuit retrouver dans les rues de Paris... Jésus, Rachid, Christian, tous ceux et celles qui traînent, et puis... *Toi*, si tu sais, et si tu crois... que Noël c'est ça...

Bientôt : un flic portatif

Il y a quelques mois, la presse parisienne annonçait superbement : « 1076 policiers ont été lâchés dans Paris. » Faisant ces jours-ci le bilan de ces quelques mois, le triomphalisme a continué : « Les agressions dans le métro et dans les rues de Paris ont diminué de tant pour cent. »

Voilà bien une belle victoire décisive, cohérente ! Nous ne pourrons plus bientôt aller chercher notre bifteck sans avoir un « flic portatif » dans la poche. C'est ce que ça veut dire !

Mais si on veut pisser plus haut, on peut aussi concevoir que si le nombre de flics est une façon pour l'État de museler apparemment la violence de la rue, ça peut aussi complètement nous enchaîner.

C'est important de nous le dire et d'y réfléchir. Notre liberté d'aujourd'hui et de demain dépendra de nos réflexions à son sujet.

La violence partout

On ne nous parle effectivement que de violence ! Elle s'étale partout. Elle semble tout envahir : la rue, les routes, les villes et jusqu'au moindre village. La presse écrite et parlée nous inflige chaque jour son lot de peur, de terreur et de mort.

Les uns disent que la violence augmente. D'autres démentent, elle diminue. On ne sait qui croire. Vivant moi-même dans la violence des rues de Paris depuis neuf ans, je m'interroge aujourd'hui. Je pense que la violence est née avec l'homme. Elle lui est collée à la peau. De plus en plus, je me demande si la violence actuelle n'est pas exploitée par nos gouvernants, pour l'utiliser contre chacun de nous.

Il est évident que le gouvernement actuel a un intérêt supérieur à nous en rebattre les oreilles. L'orchestration démesurée de tous les actes violents de notre temps entretient une peur qu'il peut utiliser à son avantage. Une vieille dame agressée à Lille... La France en parle pendant deux jours. Résultat : toutes les vieilles dames de France ont peur d'être agressées.

On sait aussi, par l'association « Légitime défense » créée récemment, qu'on peut maintenant tirer sur tout ce qui est louche, jeune, de préférence étranger, habillé de cuir, etc. La peur a brossé le portrait robot de l'agresseur possible. Des bavures de plus en plus nombreuses en sont le résultat actuel, cela n'ira qu'en s'amplifiant.

L'utilisation de la peur est évidente, c'est le meilleur moyen pour un État de construire une société répressive, qu'il baptise Démocratie.

Une démocratie bâtie sur la peur n'a de démocratique que le nom.

Des violences cachées

Le problème de la peine de mort étalé partout et qui suscite tant de passions est un arbre de plus qui cache la forêt.

La forêt, c'est que nous sommes le troisième pays exportateur d'armes du monde et que, de ce fait, nous tuons partout des Noirs, des Blancs, des Jaunes, des Arabes.

Mais ça, on s'en fout.

C'est le problème de la peine de mort qui nous passionne en France.

Quelques mots quand même sur ce problème. Qu'est-ce qui est le plus dur ? Donner la mort sous le couperet ou faire vivre, comme une asperge, à perpétuité, des condamnés à qui jour après jour on fait longuement regretter ce qu'un tranchant aurait arrêté définitivement ?

La peine de mort soulève les problèmes essentiels de la prison, de la vie et de notre richesse fondée en partie sur la vente des armes. Ce sont là de vrais problèmes ! Nous les cacher, c'est une vraie violence qui nous est faite !

Les Français sont champions du monde, toutes catégories et sans challenger, de la consommation d'alcool par habitant. On en rit, on en plaisante, on en est fier à la limite, et on en reste là. On nous envoie une « sainte femme » qu'on baptise « secrétaire d'État » pour étudier longuement et à grands frais le problème de la drogue. Parce que ça, ça mobilise actuellement un nombre considérable de gens et d'associations.

Parler de la drogue, c'est à la mode. Se masturber l'esprit sur les mérites ou les effets nocifs du haschich, de la marijuana ou de l'héroïne, c'est capital parce que tout le monde en parle.

On s'attendrit ou on s'acharne sur le drogué, en oubliant de parler d'une drogue autrement dangereuse, mais qui, celle-ci, ne porte pas de nom : l'alcool. (Bravo, en passant, à l'épiscopat français qui vient d'oublier un moment sa catéchèse et sa pastorale d'ensemble pour dénoncer remarquablement ce problème de l'alcool en France.)

On peut aller dans les quatre coins de la France, on trouve partout des jeunes mineurs consommant des boissons alcoolisées sur le comptoir même des bars. Il n'y a pas de raisons de se gêner. Ça ne vaut vraiment pas le coup d'envoyer un secrétaire d'État pour cette affaire-là. Et puis, les boissons alcoolisées sont moins chères que les boissons non alcoolisées.

Ça ne nous intéresse pas non plus de savoir que plus de la moitié des délits commis en France par des mineurs l'ont été sous l'emprise de l'alcool ; l'alcool consommé dans les bars. Les policiers le savent pourtant ! Pourquoi ne le crient-ils pas ? Le jeune passant le lendemain de l'arrestation devant le juge est dessoûlé. Précisons que même si le juge sait que le gars était soûl, il en fait une circonstance aggravante. L'alcool, répandu de cette façon-là, partout, est une grande violence faite à la jeunesse de notre temps.

Il y a aussi le délit de sale gueule.

« J'ai eu peur, j'ai tiré » : dix ans ferme pour Mohamed, délinquant notoire.

« J'ai eu peur, j'ai tiré » : six mois avec sursis pour le policier en exercice.

C'est ça, en France, le délit de sale gueule.

Qui sont systématiquement fichés, étiquetés, arrêtés, souvent insultés, presque toujours humiliés ? Les Arabes, les Noirs, les Portugais, et les sales gueules. Le délit de sale gueule est une violence cachée qui insulte notamment les étrangers.

Voilà la belle terre d'accueil et de liberté que nous offrons ! Voilà les hommes d'accueil et de liberté que nous pensons être !

La violence de la rue : un langage

On ne condamnera jamais assez toute violence qui atteint les personnes ou leurs biens. Mais avant de juger cette violence, étudions-la.

L'autre jour, un gars m'écrivait : « Je ne peux plus faire un portefeuille dans le métro. Les deux derniers étaient des ouvriers. Souvent, ce sont eux qui ont les billets, les bourgeois ont les chèques. Et les deux paies que j'ai raflées n'étaient pas lourdes. J'ai pensé au mec arrivant le soir chez lui. Je continue, mais je vais viser plus haut. »

Les pauvres, à Paris, sont souvent victimes des pauvres. C'est le piège.

Les prisons regorgent de jeunes agresseurs, voleurs de sac à main. Comme par hasard, les prisons ont commencé à se surcharger à partir de la crise du chômage.

La violence actuelle des jeunes de notre temps est la conséquence d'un système politique qui ne cerne pas les vrais problèmes et qui enfonce toujours les plus petits.

Si on sait lire toute une violence de la rue, on saura y découvrir :

— une école inadaptée qui refoule à la rue ;
— des loyers trop chers qui parquent des familles entières dans des bâtiments insalubres, exigus et aux loyers « modérés » ;
— des espaces verts inexistants ;
— des mètres carrés sociaux bidon ;
— des travaux durs et sous-payés ;
— des distractions faites de films de violence et de cul.

Mais là encore, c'est le refoulement des gosses dans la rue. De la rue, les juges refoulent ces jeunes en prison. La boucle est bouclée. Le cycle infernal rue-prison commence et ne s'arrêtera pas.

La violence de la rue est un langage : celui d'un gosse qui crie justice et à qui l'on renvoie sa violence en pleine gueule, quand il lit en prison :

— les manchettes étalant les « sordides » vols de voitures ;
— les pièges transistorisés, tuant celui qui « cassait » ;
— les vigiles assassinant un jeune, après bien sûr les trois sommations qu'ils jugent avoir faites.

La violence de la rue est un tel langage qu'on ne peut plus juger quand on sait.

Il ne reste plus qu'à se retrousser les manches pour aller à la source des vrais problèmes.

Une violence exemplaire : le Larzac

C'est quand même pas possible que quarante « bouseux » de paysans tiennent la dragée haute à un chef d'État et à son ministre de la Défense, depuis huit ans.

Et pourtant, c'est vrai, jusqu'à maintenant et depuis des années. Ce combat est parfaitement inégal et porte en lui-même, à mon avis, une violence exemplaire.

Simplement quarante citoyens ont refusé de se faire bouffer, grignoter, et acheter. Ils veulent garder tout simplement leurs moutons, leurs chèvres, et intactes leurs pâquerettes. Alors que des milliers de jeunes et moins jeunes en France rêvent de non-violence, de faire paître des moutons et de verdure. eux vivent ce rêve sur le terrain, en étant l'exemple même de la lutte contre un pouvoir qui, avant de vendre la mort au plus offrant, veut l'essayer sur « leurs » pâturages.

Malheureusement, si vingt mille personnes étaient venues, il y a deux ans, chanter la moisson avec les quarante kamikazes... en 1979, ils n'étaient plus que deux mille ! A cette allure-là, les pâquerettes ne seront plus longtemps intactes.

Jeunes : vous n'êtes pas assez violents...

Non pas pour casser des vitres ou, en quelques secondes, réduire en poussière des vestiges du passé, inestimables. Mais pour lutter au cœur de votre famille, de vos écoles, de votre atelier d'usine et être en même temps partie prenante pour toutes les luttes qui grandissent l'homme.

C'est ça la vraie lutte révolutionnaire, seule valable à mes yeux. Celle de refuser toute injustice là où l'on est.

Aller à la rencontre de l'homme bafoué, humilié, piétiné, sans lui imposer notre idéologie politique ou religieuse. C'est Jésus-Christ qui me l'a appris. Le ferment révolutionnaire de l'Évangile vécu peut tout libérer, tout faire exploser, tout sauver.

M'appuyant inconditionnellement sur l'Évangile, je ne pense pas que nous soyons, nous chrétiens, les seuls à mener une lutte efficace. Malheureusement, je constate que nos combats s'éparpillent et souvent se dessèchent, s'épuisent avec le temps.

J'ai vu combien de prêtres dans les villes ou campagnes affirmer l'exclusivité de leur combat religieux, enfermés, qui dans des sigles A.C. machin, qui la paroisse, qui la rue, qui telle aumônerie ! Quel manque à gagner ! Quelle force apostolique foutue par terre !

J'ai vu, dans une famille de six gosses en difficulté, six éducateurs se déchirer pour avoir la priorité éducative sur la famille. Résultat : les gosses éparpillés, en morceaux.

Sur un autre plan, je vois tous les jours la mafia politique de tout bord s'entre-déchirer paraît-il pour notre plus grand bien et les mêmes buts. Résultat : je vous laisse juge.

Chrétiens, nous n'avons à avoir le monopole d'aucune lutte. Mais en gardant notre identité nous avons à rejoindre tout combat qui œuvre pour que tout homme soit respecté, aimé, libre, debout. Il est capital, simplement, de reconnaître nos différences dans nos luttes respectives.

Ne perdons aucun temps à les comptabiliser.

Marie la bohémienne. Elle était une bohémienne

Elle en avait l'apparence ! La preuve : c'est que, enceinte et suppliant d'accoucher quelque part, partout où elle frappait, on lui avait dit de dégager et d'aller accoucher ailleurs.

Je suis étonné, à chaque fois, des reproches qu'on me fait quand je dis cela. On a tellement chloroformé l'image de Marie, que je comprends ces réflexions.

Il faut voir les statues de Marie enrobées de chocolat, pour comprendre qu'elle n'a rien d'une femme. J'ai un profond culte marial. Je ne me balade jamais sans avoir dans mes poches un dizainier. J'en vole toujours une bonne vingtaine dans les magasins de Lourdes, où je vais dès que je le peux. J'en ai au moins pour deux ans (parce qu'ils s'échappent souvent de mon blue-jean). J'égrène fréquemment ce minichapelet.

En effet, je pense que l'Ave Maria est la prière des pauvres, des petits. C'est pour cela peut-être qu'on n'en veut plus. Cette « petite » prière, qui est celle des humbles, reste pour moi un lien important avec celle qui s'est enfouie dans la vie de Jésus, au point qu'on en parle très peu dans l'Évangile.

C'est sans doute pour cela qu'elle a une si grande place dans l'Église.

Les jeunes de la rue ont une dévotion toute particulière à son endroit et à leur façon.

Il y a cinq ans, nous partions au Maroc, très pressés, à cause du bateau qu'on devait joindre à toute vitesse à Alicante. Je n'avais permis qu'un arrêt de quelques minutes sur une plage espagnole, le temps de se plonger dans l'eau. Le camion était au bord de la plage. L'attrait de l'eau nous a empêchés de remarquer que deux truands espagnols nous surveillaient.

De retour au camion, nous constations que la vitre de côté avait été retirée, sans effraction, à une vitesse stupéfiante, et que le porte-documents qui renfermait passeports et argent (un million d'anciens francs) avait été dérobé.

Après la stupéfaction arriva la colère.

Il n'eût pas été bon que les gangsters chevronnés tombent à ce moment-là dans les mains des gangsters en herbe que j'amenais pour le camp. Ça aurait fait mal.

La plainte déposée, c'était le camp fini, à peine commencé. Grâce à des amis appelés d'urgence par téléphone, et qui nous dépannaient immédiatement, le camp se maintenait, mais en Espagne.

J'ai toujours, dans mon camion, un petit vase où je mets des fleurs glanées sur la route, et une petite Vierge en plastique, qu'un mec avait trouvée dans une poubelle et que, scandalisé, il était venu m'apporter.

A partir du moment du vol jusqu'à la fin du camp, je trouvai, chaque jour, des fleurs nouvelles dans le petit vase. Quand j'interrogeais, j'avais cette réponse : « Dis à ta Sainte Vierge qu'il faut qu'elle nous fasse rendre les papiers et le fric. »

Je reverrai longtemps, au cours d'une halte, un gars piétinant les plates-bandes d'un magnifique massif, pour prendre la plus belle fleur, et un prêtre du séminaire l'engueulant. Quand le gars lui a dit que c'était pour la Sainte Vierge du camion, le prêtre n'y comprit goutte, car le massif entourait précisément une magnifique statue mariale. Toujours est-il que vingt-six jours après, j'étais appelé d'urgence à Barcelone, par le consul de France, pour reconnaître ma sacoche et retrouver, surtout, intacts, passeports et argent.

Je ne crie pas au miracle, mais je sais depuis longtemps le Magnificat : « Il écoutera les humbles, il renversera les puissants. »

L'Église est profondément misogyne. Elle l'est d'abord par ses prêtres. L'Église a peur de la femme. Au séminaire, j'ai toujours vu les « bonnes sœurs », comme on dit, sous l'angle unique des femmes lavant nos slips et nos tricots. Reléguées, en plus de cette importante mission, à la bouffe et à la vaisselle, je les ai toujours connues les mains dans la plonge et les doigts usés par les longues heures d'épluchage et de raccommodage.

Humbles, effacées, elles se ratatinaient toujours

près de la porte de la chapelle. Arrivées les dernières, elles repartaient à pas feutrés les premières. Potage chaud oblige !

Nos maîtres nous enseignaient Dieu ! (Elles n'étaient que les servantes des apprentis curés que nous étions !) Les mines savantes de nos docteurs éclairés, même si elles cachaient parfois un vide théologique affligeant, ne pouvaient souffrir les humbles tâches.

Je me réjouis de sentir une évolution se faire, même lente, au cœur de l'Église. Vatican II a fait prendre conscience à l'Église de l'esclavage de la femme en son sein.

Mais quand donc l'Église cessera-t-elle d'avoir peur de la femme, cette inconnue ? Je la vois aujourd'hui, jeune mais de préférence vieille, s'avancer vers le pupitre pour nous faire la lecture du dimanche ou la prière universelle. Quelques responsabilités, sous notre coupe, et qu'elle s'en tienne là !

C'est moins que peu.

Elle n'est pas reconnue à part entière. Elle ne partage pas nos propres responsabilités sauf quand on se barre ou que les paroisses sont vidées de leurs curés ; c'est alors (et j'ai vu des exemples saisissants) que l'Église se donne toutes les chances d'être épouse pleinement, en apparaissant vivante et vraie à travers leur témoignage de responsables.

Les religieuses en Algérie m'en ont apporté la confirmation. Partis les prêtres et les laïcs, elles restent les témoins de la présence humble et vivante de l'Église.

Ce qui apparaît évident, encore aujourd'hui, c'est

qu'il est difficile d'être femme dans le monde comme dans l'Église.

Ce qui est bizarre dans l'Église, c'est l'extraordinaire dévotion mariale des chrétiens, et la place minuscule attribuée à la femme. Pourtant Marie l'était dans tout son éclat. Sans elle, Jésus n'aurait jamais été ce qu'il est.

La rue suit de très près et en beaucoup plus grave cette dévalorisation de la femme. Revenant d'une audience dans un palais de justice où plusieurs gars avaient été jugés pour un viol collectif, j'étais écœuré d'entendre leurs réflexions. Ils commentaient avec fureur le jugement rendu contre eux, jugement à mon avis particulièrement tendre. Du sursis et une amende symbolique. La fille avait été violée d'une façon particulièrement sadique. Ces jeunes, pendant quinze jours, maniant le chantage avec dextérité, l'avaient obligée à se soumettre à leurs caprices les plus fantaisistes. Elle en était sortie meurtrie dans son corps, mais surtout dans son être intime. Deux tentatives de suicide avaient suivi cette agression sexuelle, qui laissait indifférents ceux qui l'avaient commise.

Elle n'était, à leurs yeux, qu'un trou avec du poil autour. Ce qui l'entourait était pour eux inexistant. Ils l'avaient violée, salie, humiliée, défigurée à tout jamais dans son être le plus profond, et ils riaient, car ils avaient presque réussi à faire croire au président du tribunal qu'elle n'était qu'une salope.

N'en pouvant plus, je leur intimai l'ordre de fermer leur gueule, en leur disant que s'ils s'étaient bien défendus et s'en étaient tirés à bon compte, ils avaient tué quelque chose dans Claudine. Ils se turent, ne comprenant pas ma soudaine fureur.

Je voulais leur dire qu'une villa cambriolée, ça se refait, mais que le corps et surtout le cœur d'une adolescente violentée ne peut jamais se refaire entièrement.

Comment l'auraient-ils compris, eux-mêmes profondément meurtris par la solitude qu'ils ont connue très jeunes, dans un monde où la phallocratie maintient son pouvoir et montre la femme d'abord sous l'angle de ses fesses ?

Quand on me dit comme argument choc : « C'est la faute à l'Église ! », je ne suis pas d'accord globalement. Mais je pense que notre responsabilité, à nous, les trois cent mille prêtres, évêques, pape de l'Église actuelle, est engagée. Quand l'Église perdra sa peur de la femme, le monde, je pense, se sentira meilleur.

A travers elle, c'est l'honneur, la liberté, l'humanité tout entière qui grandiront.

L'eucharistie aujourd'hui

« Ce qui m'énerve, c'est qu'ils s'assoient et se lèvent sans cesse, et puis, on n'y comprend que dalle, sauf le sermon. »

Cette réflexion est caractéristique des jeunes avec qui je vis, et qui me suivent au cours d'eucharisties en France. Pour eux, c'est un rite martien, hors planète, qui ne correspond absolument à rien de vivant.

Effectivement, pour moi, notre liturgie est souvent morne, insignifiante et parfois morte. Nous sommes encore trop prisonniers de rites figés, inadaptés, qui ne portent en eux ni vie ni espérance. Pourtant, quel chemin depuis Vatican II.

Je ne suis pas non plus d'accord avec une liturgie échevelée qui ne tient compte que de l'improvisation du prêtre sans tenir compte de ceux qui participent et qu'ils risquent de bloquer et d'agresser inutilement.

Bien sûr, il est inutile de faire le procès de la messe en latin. Ceux qui aiment prier en latin ont la possibilité de le faire, et il m'arrive de dire la messe en latin, rarement, mais avec joie, parce que j'ai une culture en latin, et que le latin me dit quelque chose.

Dans une grande église, où j'assurais toutes les prédications et les messes, un commando intégriste était venu à la messe pour en sortir avec fracas, et dénoncer par là ma présence. Cela avait déjà commencé à la sacristie où l'organiste, en me montrant au curé, avait dit : « Si c'est *ça* qui dit la messe, je n'y assisterai pas ! » ; j'eus le temps de lui dire : « *Ça,* c'est le représentant de Celui qui est arrivé parmi nous, comme un minable, et qui est mort entre deux gangsters. »

J'ai d'ailleurs commencé mon homélie en citant ce fait, et puis j'ai prêché et concélébré à toutes les messes, notamment celle en latin. Étonnés, les intégristes m'ont demandé pourquoi j'avais célébré la messe en latin. Je leur ai dit que j'aimais la messe en latin, qu'elle me rappelait une culture latine due à quinze ans de séminaire, et mes premières messes en latin.

C'est merveilleux les premières messes d'un prêtre !

Conquis, certains intégristes sont revenus à plusieurs messes. Là-dedans, aucune technique. Pas question de vouloir faire plaisir à tout le monde ou de vouloir peloter un public. Pour moi, il est simplement question d'aimer, de respecter le chemin des autres. Il est absolument certain qu'en voulant aller trop vite, nous, prêtres, nous avons fait reculer un certain nombre de chrétiens, paniqués par certaines élucubrations liturgiques qui les ont fait fuir de nos églises. Ou prendre d'assaut certaines. Ils n'ont pas tous les torts.

Comme j'ai entendu la douleur de cette vieille femme octogénaire à qui un curé avait arraché le chapelet qu'elle récitait pendant la messe. Elle m'a dit qu'elle fréquentait la paroisse depuis soixante ans, et qu'elle l'avait quittée depuis ce jour-là, définitivement.

Je me souviens aussi d'un désastre eucharistique auquel j'ai assisté. Des prêtres, voulant à tout prix donner dans le moderne, avaient complètement vidé l'église de tout. Les gens, agressés par « leurs Attilas », se serraient au fond de la nef malgré les supplications des prêtres pour les faire avancer. Des chants supermodernes, mais complètement inadaptés, étaient repris par le seul écho des voûtes. J'étais atterré en participant à une prière qui n'était qu'agressive et hérissante.

J'ai vu aussi le Royaume de Dieu en marche dans les paroisses de France. Telle celle de Vendée, où Robert, le prêtre de la communauté, laissait toute la place aux chrétiens. Il était celui, effacé mais combien présent, qui présidait l'eucharistie, mais qui interrogeait son peuple, qui à son tour dialoguait avec lui, en ne se considérant pas comme un sorcier mais comme un serviteur qui avait reçu pour mission d'annoncer la Bonne Nouvelle et de la faire partager à tous. Ça a été un des grands moments de ma vie sacerdotale !

Là, un prêtre ne se gargarisait pas de « partage avec les laïcs », de « il faut qu'ils découvrent leur place », de « pouvoir rendu aux chrétiens »...

Un peuple était en marche, d'abord dans sa vie de tous les jours, l'eucharistie était le rassemblement de l'Amour, où l'Esprit soufflait en tempête.

La liturgie, si elle est une fête, peut avoir une certaine solennité, sans n'être pour autant, bien sûr, que solennelle. Elle doit d'abord rester humaine, proche, comme le premier repas où, serrés autour de lui, les apôtres, après avoir longuement vécu avec Jésus, reçurent l'eucharistie, dans la nudité et la joie d'un simple repas.

C'est ce qui m'est apparu dans les gorges du Verdon. L'été, non loin de la ferme des mecs, je dis la messe depuis sept ans dans la chapelle du merveilleux petit village de Rougon, très haut perché au-dessus des gorges. Je réalise ainsi un de mes désirs d'enfance : être curé de campagne.

C'est la seule messe que les mecs comprennent bien et à laquelle ils tiennent tous à assister, parce que, bizarrement, ils en sont les grands artisans. C'est en les voyant vivre dans la ferme toute proche et tout mettre en commun que j'ai compris que cette messe avait un sens pour eux.

Je ne veux parler de cette fête eucharistique qu'après avoir dit ce que nous vivons là-bas. Parler de liturgie, sans parler de ce qu'on vit tous les jours, c'est vouloir habiller un chimpanzé en habit de soirée...

« Ils partageaient tout », dit l'Évangile de Saint Paul, en parlant des premières communautés chrétiennes. L'eucharistie, pour moi, commence là, sinon, elle est bidon, voire hypocrite, de toute façon sans signification. Leur façon de vivre, aux dix gars et filles qui sont là-bas, est pour moi la découverte du partage.

Dans cette ferme de haute Provence, ils ont tous le même salaire, éducateurs et jeunes de la rue, venant de Paris. Un salaire identique permet à chacun, quelle que soit sa responsabilité, de vivre, sans le dire, la fraternité.

Point de petits chefs, au salaire supérieur, qui ne se sentent plus pisser quand ils montent d'un échelon. Chaque matin, au petit déjeuner, les tâches du jour sont réparties d'un commun accord. Le dernier arrivé de Paris, paumé à cause du climat, du silence, du paysage splendide, et travaillant deux heures par jour au début, a le même salaire que ceux qui travaillent six heures (on ne dépasse jamais les six heures, cinq jours par semaine), pour eux, c'est le nombre d'heures le meilleur pour se consacrer à leurs loisirs, dès la tâche accomplie.

L'ouvrier de la dernière heure reçoit le même salaire que les autres. Très vite, il assurera les heures normales... Mais quand il aura pris la dimension de l'environnement, de l'équipe et de sa place au milieu d'elle.

C'est, bien sûr, le contraire de la rentabilité. Mais ça, on s'en bat les flancs. Ici, c'est la promotion de l'homme qu'on veut vivre avant tout. Nous refusons d'entrer dans le système des maquereaux et des salauds pour qui la rentabilité seule compte. Entrer dans le système de l'argent à tout prix, provoqué par le rendement qui, d'abord, doit être atteint, c'est faire de nous de malheureux esclaves.

Les puissants ont réussi un tour de force prodigieux. Ils ont réussi à donner à leurs esclaves une obsession : leur propre esclavage. Bosser est pour eux une sorte de fétiche qui les fait vivre à genoux. Heureusement que des jeunes de notre temps ont compris ça et refusent de suivre l'image de leur père qui, à l'âge de la retraite, est complètement usé.

Cette prise de conscience, si elle devient un jour générale, risque de foutre les puissants à bas de leurs trônes !

Dès qu'un gars ou une fille est capable, après plusieurs mois à la ferme, de s'en sortir : une bonne technique, un sens du travail bien fait et achevé... donc un gars « rentable » pour la microsociété que nous formons là-bas, on le fout dehors. Enfin, « on l'aide progressivement » à nous quitter et à prendre son propre envol. Il peut se débrouiller seul, et vivre debout et libre.

Un autre arrive alors... avec ses deux heures malhabiles par jour et ses premiers pas dans cette communauté où le respect de la personne reste le seul impératif qui nous pousse à continuer cette expérience, créée il y a sept ans par les jeunes de Paris.

De plus, une demi-journée, l'été, consacrée à la commune de Rougon (nettoyage du cimetière, des alentours de l'église, ou toute autre tâche communautaire) reste pour nous un témoignage de reconnaissance et de gratitude pour le village qui nous a accueillis, notamment pour les anciens qui maintiennent la vie tout là-haut, s'accrochant à leurs pierres et entretenant la chaleur des murs.

J'ai bien senti tout de suite que c'était une trentaine de vieilles mémés, restant toute l'année, qui empêchaient de faire mourir le village, envahi, l'été, par leurs enfants et petits-enfants.

Fort loin des loubards apparemment, elles m'apparaissaient très vite très proches d'eux. J'avais noté aussi qu'à la fête patronale de Saint-Christophe, le dernier dimanche de juillet, les jeunes seuls s'amusaient, mais les vieux étaient laissés pour compte, du moins dans les cérémonies religieuses.

Quand une vieille mémé de quatre-vingt-six ans m'avait demandé au cours de la première messe que j'avais dite là-haut : « Est-ce que vous ne pourriez pas refaire la procession de Saint-Christophe ? », en accord avec le curé, je l'ai refaite et continuée depuis six ans.

Quelle extraordinaire découverte pour moi ! La joie des regards des anciens nous payait de toutes nos peines. En effet, les gars ont été tout de suite partie prenante. La chapelle quasi abandonnée était devenue somptueuse. De vieilles tentures sorties du fond des armoires rappelaient à certains anciens les longues soirées où les arrière-grand-mères tissaient amoureusement les tentures de l'autel.

« Quelle joie pour moi, me disait un ancien, de voir la broderie tissée par ma grand-mère pour ma communion solennelle et que vous avez remise sur l'autel. » Les larmes qui perlaient dans ses yeux me disaient suffisamment combien il retrouvait les doigts de fée de celle qui avait passé tant de veilles à tisser près de la cheminée, sous ses yeux d'enfant.

Le miracle, pour moi, a été de voir rappliquer, peu à peu, les fils et petits-fils, assis sagement sur le tapis, tout autour de l'autel.

Cette liturgie exceptionnelle, il faut le dire, n'avait rien de vieillot, puisqu'elle rassemblait toute la famille humaine d'un village. Mado, la vieille poétesse octogénaire du village, récita à l'offertoire un poème provençal dédié à la chapelle. Michel chanta l'Ave Maria avec les fausses notes de son adolescence. Petits et grands participaient, parce qu'ils se sentaient particulièrement aimés, je crois.

Ce qui m'a peut-être le plus frappé, c'est la réflexion d'un couple d'un certain âge qui, à la sortie, me semblait fort ému. Je leur ai dit que cela n'était pas un enterrement. Ils m'ont rétorqué : « Non, c'est la joie ! Nous allons tous les dimanches à la messe à Saint-Nicolas-du-Chardonnet à Paris. Nous passions dans les gorges et, ayant appris que vous disiez la messe, nous sommes montés très critiques pour y assister. Nous avons beaucoup aimé. C'était très adapté aux gens du pays, très humain ; on sentait le Seigneur là au milieu de nous. »

Bien sûr, ce n'est pas de la pub gratuite pour Saint-Nicolas-du-Chardonnet. Là, c'est autre chose : le sectarisme est lié à l'acharnement à ne revenir qu'à des souvenirs d'enfants têtus, gâtés et ne voulant pas mûrir. Ça reste une souffrance pour l'Église. A nous d'entendre ce que leurs piaillements signifient. Faire retrouver aux gens leurs racines et surtout démolir toutes les barrières, entre les anciens et les jeunes, ça peut être l'occasion d'un renouveau liturgique où l'humain et le divin s'assembleront.

Ce sont ceux que l'on appelle des loubards qui y sont parvenus dans ce cas-là, dans les gorges du Verdon. Ils sont au cœur du rassemblement. Manquant de diacre et de sous-diacre, deux lascars sortis de prison m'ont demandé de le faire. J'ai accepté, ils l'ont fait avec une solennité et une piété qui m'ont surpris. Il ne manquait que la note folklorique, elle y a trouvé sa place. Un des gars, flanqué d'une magnifique dalmatique, n'a pas trouvé mieux, pendant la cérémonie, que de se gratter le bras. Une magnifique femme à poil apparut, tatouée sur la chair. J'ai discrètement fait disparaître la fille, en tirant sur la manche !

En racontant cette procession à des prêtres ou des chrétiens se disant très avancés, j'ai lu, deviné sur leur visage un sourire moqueur ou affligé, ou entendu des réflexions du type : « Tu ne fais là qu'entretenir une religion populaire teintée de superstition... » Je ne chercherai pas à me justifier. J'aimerais relire l'Évangile avec eux.

Quand je relis que des dingues ont crevé le toit d'une maison pour descendre devant le Christ un paralytique couché sur un lit (Marc, II), ou que la femme canaanéenne voulait toucher à tout prix la robe de Jésus, pour être guérie par lui (Matthieu, XV), je ne peux m'empêcher de penser aux foules souffrantes d'Amérique latine ou aux anciens de Rougon, qui avancent à genoux pour toucher, adorer, prier et être exaucés, Jésus ne les repoussant pas.

Il respectait cette simple foi de charbonnier si intense. Une infinie tendresse s'emparait de lui. Loin de repousser ces manifestations de religion populaire, elles l'émeuvent au point qu'il pardonne et guérit.

Cette procession dans ce village perdu de Provence, grâce à un culte apparemment vieillot mais plein de fête et de lumière, m'a fait découvrir les racines profondes des gens. Et puis, à partir de cette procession qui compte tant pour eux, j'ai vu naître un climat d'amitié assez extraordinaire entre croyants et non-croyants, jeunes et vieux, loubards et paysans. Elle semble avoir débouché sur une libération qui a fait sauter maintes barrières grâce aux mecs qui ont su crever les toits les plus solides, pour, sans le savoir, aider d'autres à atteindre Jésus-Christ. C'est ça l'essentiel. Une eucharistie faisant tomber les barrières, ouvrant les horizons de l'universalité, du partage, du dialogue et du respect de chaque personne. C'est ça l'eucharistie d'aujourd'hui et de toujours. C'est la fête de l'Amour où chacun se reconnaît frère de l'autre.

Combien de jeunes me disent qu'ils en ont marre de la messe, qu'elle ne leur apporte rien ! Je leur réponds : « Que faites-vous pour qu'elle soit vivante, humaine ? Si vous vous butez à l'inertie des prêtres, interrogez-les, provoquez-les, mais ne décrochez pas. Si votre soif ne peut s'assouvir là où vous êtes, cherchez ailleurs l'eucharistie source de vie. Il me semble impossible que dans ton quartier, ta ville ou ta région, il n'y ait pas une eucharistie qui t'apporte le souffle d'amour et d'espérance que tu cherches. Je connais dans beaucoup de villes de France des lieux de rassemblement du dimanche qui n'ont rien de folklorique ni d'exceptionnel, mais où il fait bon prier ; cherche et vas-y. »

L'eucharistie restera toujours le sommet de notre prière, le sommet de l'amour, rien d'autre ne la remplacera. Je me souviens d'un papier ronéotypé, envoyé à des militants chrétiens d'une paroisse.

Atterré, je lisais : « Pour simplifier, il n'y aura pas d'eucharistie. »

Quand je vais participer à des sessions chrétiennes, je note toujours l'heure de l'eucharistie si je n'ai pas le temps de suivre entièrement la session, à cause de mon boulot, je ne manque jamais le partage eucharistique.

Entre chrétiens, tout peut être dit là. La messe, c'est Noël tous les jours.

Vocations

J'en ai assez d'entendre partout pleurer sur le manque de vocations sacerdotales. Pleurons sur nous, pas sur les jeunes, toujours « appelés » mais qui refusent de faire le pas. L'Église est encore prisonnière d'un modèle de prêtre qui a eu sa valeur, mais qui ne correspond plus aujourd'hui aux exigences de l'annonce de l'Évangile. Les jeunes refusent de servir dans le clergé séculier ou diocésain. Ils ne le méprisent pas, admirent parfois leur curé de paroisse ou leur aumônier, mais son prototype reste inaccessible.

Comme me disait un mec : « On les reconnaît à deux cents mètres, avec leurs lunettes, ils ont l'air de planer, ils ont tous la même voix. » Ce portrait robot diminue, mais est majoritaire encore.

Ça me rappelle cette bonne histoire : j'étais un jour sur une plage, et je regardais les gens évoluer. Un homme, d'un certain âge, arpentait le sable fin. Tout de suite, je repérai l'allure onctueuse, digne, le slip de bain cachant plus que l'essentiel. Je dis au copain qui était avec moi : « C'est un curé ! » Je précisai, vu l'air majestueux : « C'est l'archiprêtre d'une cathédrale. » Je m'avançai aussitôt pour saluer ce saint homme, que je n'avais encore jamais vu, mais simplement repéré au pifomètre :

« Bonjour, monsieur l'archiprêtre.

— Bonjour, mon fils, rétorqua le prélat. Nous nous connaissons ? ajouta-t-il.

— Non, mon père, répondis-je, mais, à vous voir, vous semblez arpenter l'allée centrale de votre cathédrale. »

Le vigoureux « Imbécile ! » qu'il me lança stoppa net le dialogue juste amorcé.

On peut dire une chose importante : c'est que Jean-Paul II nous a présenté d'un seul coup le visage inhabituel d'un homme sportif, à la voix ferme et virile, qui nous change de la galerie des portraits pontificaux de toujours : êtres diaphanes, hors du temps, apparemment asexués, aux voix châtrées, des hommes couverts de robes et d'habits dorés, faits tellement pour eux qu'ils semblaient être nés avec.

Si tant de jeunes n'osent pas se risquer dans le champ de Dieu, c'est qu'ils ont peur d'être les hommes et les femmes d'un appareil, d'une mafia au langage étranger, à la vie réglée, à l'intérieur de règles opposées à la liberté de l'Évangile. Ils ont peur aussi de rites et de formules tournés vers le passé, dans un langage souvent incompréhensible, où il est malséant, sinon difficile, d'inventer.

L'Évangile est liberté, simplicité, aventure, clarté, folie, lumière, exigences. Vivre l'Évangile, c'est regarder devant soi.

La défection de tant de prêtres, souvent d'une grande valeur humaine et spirituelle, ajoute à cette peur. Le Christ passionne toujours autant les jeunes d'aujourd'hui. Notre vie ne les passionne pas. Alors s'endort en eux le merveilleux rêve de prophète de l'aventure et de la liberté créatrice qu'ils avaient cru lire dans le livre de la vie de Jésus. Ce rêve se réveillera quand ils verront les prêtres sortir de leur sclérose, de leurs tabous sexuels ou de leur morale de refus.

Les vagabonds de l'amour et de l'espérance que nous serons porteront la semence des vocations de demain.

Le célibat

J'ai découvert depuis seize ans, c'est-à-dire depuis mon sous-diaconat, la richesse du célibat. J'ai découvert que prêtre, on peut vivre une amitié unique et mille amitiés, mais qu'on ne peut vivre un amour humain (dans le sens habituel du mot). Je m'explique : « Un amour humain désosserait ma vie de prêtre. » Il faut consacrer du temps à l'autre pour bien vivre l'amour humain. J'ai été fait pour donner tout mon temps à tous, dans un même amour.

Jésus-Christ l'a vécu avec tous ceux qu'il a rencontrés, Marthe, Marie, le jeune homme riche, Zachée, ce truand, Marie-Madeleine et tant d'autres, qu'il a aimés également d'une immense tendresse humaine et avec quelle force ! « Toi, tu fais l'amour avec le monde entier », me disait un jour un gars qui voulait absolument sexualiser l'amour universel que je vis. En réfléchissant, j'ai découvert que c'était vrai : la grandeur de l'amour humain, c'est ce lien qui lie à l'autre pour ses gosses et pour les autres.

Par le célibat, on est lié avec le monde entier. On est le pont qui relie à Dieu et les hommes entre eux. C'est ça, la grandeur du célibat. On n'est lié à personne pour être lié à tous, au nom de Jésus-Christ.

Au fil des années, je comprends la grandeur de ce don qui ne diminue en rien la beauté de l'amour humain, mais qui reste un don exceptionnel que, consacrés, nous avons à vivre.

Le problème actuel, c'est ce lien du célibat avec le sacerdoce ; je pense absolument (et pas à cause des prêtres qui ont décidé, au cours de leur sacerdoce, d'arrêter, car ils avaient besoin d'un amour humain), je pense, en vérité, qu'il faut délier le sacerdoce du célibat. A mon avis, l'Église y gagnera... dans la connaissance de l'amour humain d'abord, qu'elle ne connaît pas bien et, toujours, par personne interposée. Il semble que le chemin de l'Église nous conduise à ordonner des hommes mariés. Mais je suis d'accord pour que l'engagement du sacerdoce lié au célibat aille jusqu'au bout, quand on aura le choix entre les deux. C'est une opinion personnelle, bien sûr ! Et le célibat, je pense, y gagnera de façon incontestable. Le célibat est une grande richesse dans l'Église. Elle doit le garder comme trésor.

Quant aux prêtres mariés, je crois qu'on ne doit jamais juger. Ils ont découvert en route qu'ils ne pouvaient plus vivre leur célibat. C'est une telle souffrance pour beaucoup d'entre eux, qu'on a à se faire petit, face à leur choix. Ce qui peut être mauvais pour l'Église et les chrétiens, c'est qu'ils s'en aillent, comme des voleurs ou avec fracas. Filer en douce, ne rien dire à leur communauté est dangereux. Le doute s'installe. Les « on-dit », les suppositions, les démentis infirmés, bien entendu, etc.

Partir avec fracas, en criant qu'on a raison, n'est pas mieux. Ça choque ou scandalise beaucoup. Un départ que j'ai beaucoup aimé, c'est celui d'un prêtre ami qui a annoncé à ses paroissiens, humblement, qu'il ne pouvait plus tenir, qu'il aimait passionnément son sacerdoce, mais qu'il ne pouvait plus le vivre dans la discipline actuelle de l'Église. Il a demandé pardon à ceux et à celles à qui, notamment, il avait demandé dans le sacrement du mariage fidélité, en leur disant que lui ne pouvait plus la vivre. C'était profondément humain et chrétien.

Le peuple chrétien est sensible au témoignage d'humilité de ses prêtres qui avouent leur faiblesse ou leur impossibilité d'être fidèles à la parole donnée et qui demandent compréhension et pardon.

Le célibat n'a de sens que dans une vie jetée au service de tous : « Vous êtes mangé par les autres », me disait une dame un jour. J'ai répondu : « C'est vrai, je suis dévoré vivant et tant que je serai " consommable ", je continuerai. » C'est ma façon, là où l'Église m'a envoyé, de vivre mon célibat. Je l'accepte, malgré les tentations et mes quarante-quatre ans (il paraît que je suis à l'âge fatidique). Et si j'avais à rechoisir, c'est avec la même passion que je redirais oui.

Je me dis que le « oui » doit être dit, pour chaque jour, et non pas pour demain. Et puis je redis souvent (en latin, eh oui...) cette prière. Elle a été effacée (et je le regrette) après l'Agnus Dei de la messe. On devait, en ce temps-là, la dire à voix basse, alors qu'on aurait dû la gueuler : *Et a te numquam... separari permittas* — « Fais que je ne me sépare jamais de toi. »

Je continue aujourd'hui, fort de la fidélité implorée chaque jour de Celui qui est un « Dieu fidèle ».

J'ai cru au début de mon sacerdoce que nous étions, par notre disponibilité sacerdotale, les seuls donnés entièrement à un apostolat, à une mission. Quelle erreur !

Au fil des années, je constate que des couples mariés, avec des enfants, ont consacré leur vie ou des années à des tâches éducatrices ou autres, où ils se donnent à fond.

Abel et Andrée, un couple d'éducateurs, et bien d'autres couples que je connais depuis vingt ans, ont été pour moi le signe évident de l'Amour voué totalement aux jeunes de leur temps.

Certains prêtres, vivant un célibat étriqué, devraient, à l'image de couples chrétiens ou non, reconsidérer leur célibat, alibi de leur égoïsme et de leur embourgeoisement.

L'Église : marchande et témoin

L'Église brade l'Évangile. C'est vrai. L'Église est hypocrite. C'est vrai. Moi, dans ma vie de tous les jours, ne suis-je pas hypocrite ? Chaque chrétien qui se regarde bien le nombril ne dira-t-il pas la même chose de lui-même ?

J'aime l'Église passionnément. Pas celle du péché, des faux-semblants, des décors somptueux cachant calculs et retournements successifs, mais l'Église portant le mystère de la présence du Christ, éternellement en son cœur. L'Église porteuse du message fantastique de la Bonne Nouvelle offerte à tous et à toutes.

L'Église de la communauté des saints, qui me permet de croire que du fond des sables du désert, la prière du contemplatif m'aide dans les rues de Paris, que le rosaire de la vieille bergère des Alpes de haute Provence est aussi efficace que mon action dans les prisons, que la prière agonisante du malade qui s'éteint peut avoir plus de puissance que mon action sur la vie des loubards parisiens.

C'est cette Église-là, dont je vis intensément, qui m'apporte chaque jour la force d'aller plus loin. De plus, la mission qui m'a été confiée par mon évêque, mission accomplie par le pauvre que je suis, me remplit d'enthousiasme.

Je ne me suis pas envoyé moi-même en mission. Personne ne s'envoie en mission, car personne ne peut prétendre travailler pour son propre compte, dans l'Église. Cette certitude d'un envoi donne une force centuplée. Car c'est ça le cœur de l'Église. C'est ça sa beauté, et sa pérennité dépend essentiellement de l'envoi, par Jésus, de Pierre, qui a transmis l'envoi à tous les autres jusqu'à nous.

Évidemment, pour tenter d'obscurcir tout ça, on nous envoie toujours dans la gueule l'Inquisition, les guerres de Religion, une morale souvent étriquée, bafouillante, un certain sectarisme, le décor vaticanesque et je ne sais quoi encore.

Ils ont raison, ceux qui nous fichent tout ça à la figure. Ça doit nous faire réfléchir et entrer en nous-mêmes. Mais il faut aller plus loin. Car au-delà de tout ça, l'Église est autre. Elle est sainte par son fondateur. Pécheresse par ceux qu'elle envoie dans son champ, travailler. Elle sera toujours ça.

Notre drame intérieur, c'est de voir l'Église entachée, salie parfois, profanée par ses propres prêtres... Notre joie intérieure, c'est de croire qu'elle va toujours de l'avant, comme celui qui a marché sur les routes de Palestine, en disant à des pêcheurs décidés à le suivre : « Foutez-moi vos filets sur le port et allez annoncer la Bonne Nouvelle. »

J'étais en août dernier dans cette même Palestine. Un aumônier ayant au dernier moment fait défection, je l'ai remplacé, pour le pèlerinage qui comblait le seul trou de mon planning d'été. J'ai senti ce déchirement plus que partout ailleurs.

Partout, des ruines crient la foulée où Jésus, emportant tout sur son passage, faisait éclater les cœurs et rayonner les regards. Mais souvent aussi la tristesse d'une Église gardant avec quelle impudicité ces ruines porteuses d'un tel message.

A Capharnaüm, un gosse de quatorze ans n'a pu entrer visiter le sanctuaire, son short au ras des genoux était considéré comme impudique. Le barrage des pères franciscains était sans appel.

Cette religion-là est pourrie, parce que fausse, extérieure, insultant les traces du Christ.

A Jérusalem, le délégué apostolique (ou un évêque) blanc comme un pape, violet à souhait, plastronnait dans un grand hôtel, sirotant plusieurs Grand Marnier, ses fines mains malaxant des blondes de luxe dont il tirait des bouffées avec le dernier chic... Le groupe de jeunes pèlerins passant là ne cachait pas son irritation, voire sa colère. Qu'était devenu le successeur pourtant authentique de Jésus-Christ dans ce play-boy grisonnant, habillé princièrement en femme, et paraissant mener grand train de vie ?

Et ces prêtres s'apprêtant à officier à Nazareth, harnachés de belle manière, me voyant arriver dans la sacristie, me déshabillaient de la tête aux pieds, du regard, en se demandant sans doute comment on peut permettre à un chevelu de mon genre d'officier après eux.

Et puis partout, ce fric manié par des hommes et des femmes de Dieu, enfin des hommes et des femmes habillés en hommes et femmes de Dieu, vendant, troquant, comptant leurs sous, en plein cœur des temples qui renfermaient les traces les plus prestigieuses, celles de Béthanie, le puits de la Samaritaine, le tombeau de la Résurrection.

C'était à en dégueuler.

Et puis, je revenais sans cesse aux pierres, aux routes retraçant la vie de cet homme merveilleusement humble et fort, qui s'annonçait Fils de Dieu et traversait tabous et critiques, humiliations et injures, en pardonnant, éduquant et aimant jusqu'à en crever, pour, ensuite, se redonner vie pour rester avec nous jusqu'au bout.

Oui, c'est certainement sur ces routes-là de la Palestine que j'ai le mieux senti combien on peut bafouer deux mille ans après le message du plus grand prophète de la liberté et de l'universalité, sur les lieux mêmes de son messager.

Mais j'ai aussi aimé l'Église dans ses multiples communautés enfouies dans le silence du désert, travaillant comme jadis le Christ, potiers, menuisiers, vanniers, et faisant éclater par leur vie de pauvreté et d'amour le seul vrai visage de l'Église du Christ.

J'ai aussi, à travers les combats, victoires, implantations ou destructions de l'Église au cours des siècles, découvert sur cette terre l'extraordinaire semence chrétienne des hommes et des femmes de tous les temps, le poids magistral et décisif de la tradition courant de siècle en siècle, s'éteignant, se rallumant mais ne se perdant jamais.

Bien sûr, des outrances de tout bord. Mais Jésus semble dans l'Église se servir de tout ce que l'homme a d'extrême pour le diriger sans cesse sur la route du salut.

Bon an mal an, la flamme de l'Esprit s'enflamme brutalement, puis semble s'éteindre, se rallumer ailleurs et autrement, puis, gigantesque phare, illumine d'immenses contrées avant d'être encore une fois apparemment définitivement noyée… Et la lumière resplendit tout à coup…

J'ai lu tout ça sur les couches de ruines successives. Il faut que j'aie bien vieilli (en bien sans doute) pour que la première fois de ma vie, je me penche et lise tant de vieilles pierres ! ! !

Marchands du temple et témoins de l'Évangile voisineront dans l'Église jusqu'à la fin des temps. Seul l'Amour de Dieu vécu dans l'Église m'aidera à ne pas haïr les premiers sans jamais accepter ce qu'ils sont devenus.

Puissé-je moi-même être un vrai témoin de l'Église d'aujourd'hui !

L'étranger est une grâce

Je ne sais quel est le prophète de l'Ancien Testament qui a dit cette phrase admirable : « L'étranger est une grâce pour nous. »

Était-il une grâce pour nous, ce jeune Arabe gisant sur un trottoir de Pigalle, dans une flaque de sang ? On lui avait martelé le visage, parce qu'il était arabe et que, pour ceux qui l'avaient attaqué et volé, c'était insupportable. Il gisait là, sans un mot, appuyé sur un coude, couvert de sang, ne pouvant se relever et n'attendant de personne un quelconque secours.

Un gars m'a aidé à le transporter dans une voiture et à l'amener là où il vivait, avec quelques-uns de ses frères de race, dans une chambre d'hôtel. C'est sans doute lui que je retrouverai, un de ces jours, dans les rues de Paris, aigri et sur le qui-vive, errant sur les trottoirs... ou les balayant.

Est-il une grâce pour nous, ce jeune Algérien qui, ayant commis à seize ans quelques délits mineurs, reçoit quatre ans après, alors qu'il travaille depuis longtemps, régulièrement et est fiancé, un ordre d'expulsion l'obligeant à partir dans les huit jours ?

Sont-ils une grâce pour nous les étrangers qui, pour obtenir la permission de faire venir leur famille, doivent justifier d'un logement suffisant ? Or, pour attribuer un logement, les offices H.L.M. exigent que la famille soit déjà présente en France !

En attendant, les projets Bonnet, Stoleru et compagnie ne sont pas du tout une grâce pour eux. Ces projets, légalisant l'arbitraire, condamnent quatre millions d'hommes, de femmes et d'enfants à vivre dans un climat de peur et un état d'insécurité continuelle. En effet, les mesures prises mettent d'innombrables familles d'étrangers dans la crainte journalière de devoir partir dans quelques mois. « C'est leur rôle d'être sacrifiés... On les a embauchés pour ça », avouait, cyniquement, un patron français.

Quel est le jour où nous commencerons à avoir honte qu'un tel esclavage puisse exister à notre porte, sous nos yeux, sans qu'enfin nous ouvrions la bouche pour dire autre chose que ça : « Qu'est-ce qu'ils foutent chez nous, eux qui viennent nous prendre... » ? Au fait, nous prendre quoi ? Ce dont nous ne voulons pas : des conditions de logement indignes, une solitude coupée de ses racines, un travail ingrat... des salaires infamants... être une marchandise ballottée au gré des fluctuations économiques.

Deux millions d'Arabes en France ! Combien de mosquées ? Sommes-nous prêts à leur céder des locaux vides, voire des églises désaffectées, pour qu'ils puissent prier le même Dieu que nous ?

Si on accepte qu'ils puissent rendre plus humain

le sol de France, avec leurs marteaux-piqueurs, leurs pioches et leurs bras, pourquoi ne les aiderions-nous pas à sanctifier leur travail par le fruit de leurs prières ?

Un certain nombre de gens, d'associations et d'oganisations politiques dénoncent tout ça... Des chrétiens, aussi. Mais avec quelle force, quelle puissance, quelle mobilisation ?

Chrétiens, nous avons un travail considérable à faire pour nous informer de la situation réelle des immigrés, pour réfléchir à la lumière de l'Évangile et prendre position concrètement par des initiatives qu'on lance ou dans lesquelles on entre.

Les exploités d'hier deviennent les bannis d'aujourd'hui. Ces « indésirables » nous ont construit une maison sur deux, une auto sur trois, quatre-vingt-dix kilomètres d'autoroute sur cent pour nous, Français.

La France est en crise, elle n'a pas à le faire payer à ceux qui ont contribué au profit de son économie.

Si notre bateau risque de sombrer, il n'est pas nécessaire de trouver un Jonas à jeter à la mer, surtout quand la Bible nous enseigne que le prophète Jonas était l'image de Jésus-Christ.

Jeter à l'eau Mohamed, c'est foutre Jésus-Christ à la mer.

Spécialistes et Église

Un prêtre de Paris, répondant à la question d'un journaliste sur les prêtres s'intéressant aux marginaux, répondait ainsi en parlant de nous : « Les farfelus sont utiles. Les plus généreux se lancent dans l'extraordinaire et le marginal. Dieu est trop grand pour que l'Église se réduise à un seul modèle. » J'ai aimé la deuxième phrase. Pas tellement la première. Mais, après tout, Jésus n'était-il pas le plus grand farfelu de son temps !

Beaucoup de prêtres, de laïcs, de tout poil, depuis Vatican II, se posent effectivement la question. Mais ne peut-il pas y avoir un certain snobisme à clamer les yeux en capote de fiacre « qu'on s'occupe des paumés » ? Je n'aime pas ce terme. Il est offensant, je crois, pour les jeunes en difficulté. Et puis, on s'occupe d'élevage de castors et de culture des haricots verts, mais on ne s'occupe pas des marginaux. On vit avec, s'ils nous permettent de vivre avec eux. Mais il y a d'autres tâches.

Combien de prêtres et de chrétiens ont osé partager les conditions des surveillants ou éducateurs de prison ? C'est un service où l'Église n'est presque pas présente. Et c'est, pour moi, une des tâches les plus urgentes qui soient : enfermé huit heures avec les prisonniers dont on fait des fauves, ça serait autre chose que d'être celui qui a fonction d'apporter Dieu dans la prison. Ça serait aussi annoncer Jésus-Christ. Le monde des rejetés a un immense besoin que, par priorité évangélique, nous nous lancions dans la bagarre, complètement, pour les rejoindre là où ils vivent.

Toute vie sacerdotale est jalonnée de gens en marge... Beaucoup de prêtres s'occupent ainsi marginalement de marginaux... si je puis dire. Qu'ils se fient, alors, à ceux qui connaissent très bien ces jeunes. Un prêtre, un jour, me téléphone pour m'envoyer un gars que je ne connaissais pas. Je lui dis : « O.K., mais ne lui donne pas de fric », ce qu'il s'est empressé malheureusement de faire. Les cinquante francs donnés après un quart d'heure de discussion étaient suffisants pour casser toute possibilité d'échange avec moi, le gars sachant que je ne donne jamais d'argent dans les premiers contacts. Il a dû aller taper un autre curé. Puisque ça rapporte, pourquoi se gêner ?

Reste la grave responsabilité de ceux et celles qui, en se débarrassant rapidement avec un billet de celui qui frappe à leur porte, le condamne à devenir un éternel tapeur, qui ne cherchera qu'à être assisté.

La méconnaissance de ce monde et le refus d'écouter peuvent faire faire parfois des conneries monumentales. Celle-ci, par exemple : un prêtre de Paris m'avertit un matin qu'il hébergeait un gars de notre équipe. Je le préviens immédiatement du danger très grand qu'il courait pour ses biens. Je lui dis de le mettre dehors de toute urgence. Il me dit que je n'avais aucun esprit évangélique et qu'il le gardait, malgré mes recommandations. Je coupai la communication par un sonore : « Eh bien, va te faire foutre, mon frère ! » Le lendemain, j'avais mon « frère » au téléphone, penaud et la queue entre les jambes. Il avait été proprement dévalisé, dans la nuit, avec un détail qui traduisait bien la marque de mon gars, qui ne faisait jamais les choses à moitié. Je suis devenu très copain avec ce prêtre, par la suite. Normal... Un certain dépouillement rend les hommes souvent frères ! ! !

Une personne un jour me disait : « Je vous ai vu l'autre jour à la télévision dans un reportage sur l'Église d'aujourd'hui. Votre apostolat exceptionnel est un grand témoignage pour l'Église. »

Je lui ai répondu : « C'est aussi un très grand danger pour l'Église, je risque d'être un formidable alibi pour l'Église d'aujourd'hui. C'est nous tous qui sommes, par priorité évangélique, engagés au service de tous les rejetés de la terre. »

Bien évidemment, je reconnais que certains qui ont les dons pour rencontrer ceux qui sont les plus lointains, doivent le vivre pleinement, sans orgueil, c'est quelque chose de donné dont ils auront un jour à rendre compte. Mais tout le peuple de Dieu est appelé par une loi de pesanteur issue de l'Évangile à lutter auprès du plus faible, à rester à leurs côtés jusqu'au bout. Chaque chrétien est appelé à cela, à sa façon, permanente ou partielle, selon ses dons. Je ne veux pas être un alibi pour l'Église. Plus on vit proche des marginaux de notre temps, moins on a à se prendre pour le Saint-Esprit.

Je m'explique : je connais un certain nombre de prêtres qui, s'étant engagés par choix délibéré avec tous ceux qui sont laissés pour compte, ont rompu avec leur évêque, ont quitté l'Église ou la quittent peu à peu. Je pense que cela tient à deux choses. D'abord (je l'ai ressenti moi-même très fort dans les premières années), on prend une distance très rapide, à cause d'un type de vie radicalement différent, avec l'Église institutionnelle. Ce décalage est très vite immense. La paroisse paraît ridicule, insignifiante. Un monde fermé, qui parle et ne fait pas. Quant aux prêtres de paroisse eux-mêmes, ils nous apparaissent très petits dans des cercles fermés où ils semblent s'enliser. J'ai eu la chance, depuis sept ans, d'être rattaché à une équipe de prêtres de paroisse. Si je ne les comprends pas toujours, au niveau du langage, des préoccupations pastorales ou autres, ils m'ont appris à les respecter par la façon dont ils ont eux-mêmes respecté mon type de vie.

A mes débuts, au cours d'une réunion avec cette équipe de prêtres, alors que je contestais violemment leur type de présence et d'action, me référant un peu trop à ma présence de prêtre dans la rue, je m'entendis envoyer ceci à la figure par le doyen : « Toi, tu as ta vie unifiée à cause du monde que tu rencontres. Si tu as une vie très dure, ton attention, ton regard, ta vie sont centrés sur le même monde. Pour nous, c'est autre chose. Il y a ceux qui réclament le latin et les autres du jazz tous les dimanches, il y a ceux qui refusent de faire baptiser leur gosse, il y a ceux qui l'exigent, sans vouloir se préparer. Il y a des gars comme nous, pour aider la paroisse à vivre et à mourir. Tu as de la chance, Guy, d'avoir pu unifier ta vie parmi les jeunes avec qui tu vis. Provoque-nous mais ne nous conteste pas. »

J'ai compris, ce jour, qu'il n'y a pas une Église de cons et de pas cons. En effet, ce serait faire preuve de beaucoup d'arrogance et de fort peu de sens d'Église que de croire que seul le ministère où l'Église nous envoie est l'avenir de Dieu.

Seule l'Église tout entière évangélise. Elle est au cœur du monde signe et sacrement de l'Amour de Dieu. Prêtres, laïcs, jeunes et anciens, sont tous l'avenir de Jésus-Christ. Le témoignage de l'Église est actuel et collectif ou il n'est pas.

J'ajouterai également que, depuis sept ans, le peuple chrétien de la paroisse Saint-Jacques-Saint-

Christophe du XIXe arrondissement de Paris m'a beaucoup aidé. L'évêque m'avait sagement recommandé de prêcher une fois par trimestre à la paroisse du secteur, en majorité bourgeoise. Je m'y suis tenu. Cela a été une grande richesse pour moi. Vivant dans le quartier au milieu des bandes de jeunes, apparemment complètement coupés du monde chrétien, j'ai découvert maintenant que si mon genre de vie est inaccessible pour cette paroisse, j'ai pu, étrangement, la rencontrer avec une grande force et une grande vérité, dans la prédication et l'eucharistie, en leur disant simplement, comment j'apprends tous les jours l'Évangile dans la rue. A travers la prière, j'ai senti combien ils ont été sensibilisés à ceux dont j'ai la préoccupation quotidienne et que je fréquente dans leurs propres rues. Ce rôle de pont est bien le rôle essentiel du prêtre de tous les temps. Il est évident qu'en tant qu'éducateur de rue, j'ai été vite appelé à ne plus vivre avec les prêtres de l'équipe. Au bout d'un an de vie commune, on en était arrivés presque aux mains. Mes confrères levés de bonne heure et aspirant, vers les vingt-deux heures, à un juste repos, la java commençait pour moi. Appels de téléphone ou sonnette longuement appuyée, cela entre dix heures du soir et trois heures du matin.

Aucune équipe, si soudée soit-elle, ne peut résister à de tels assauts. J'ai vécu les premières semaines bercé par les quolibets de mes confrères, me situant comme un canard dans une couvée de poussins. Deux mois plus tard, les piques, les sous-entendus sur le frigidaire vidé la nuit, sur telle serrure démontée, pullulaient. Un peu plus tard, on passe aux accusations précises à la suite de la visite nocturne d'un jeune vidant les portefeuilles des curés endormis, sur leur propre table de nuit. Chapeau !

On en était aux mains, quand le doyen me trouva un rez-de-chaussée en location, à deux cents mètres du presbytère, au 46, rue Riquet. J'y suis, avec l'équipe d'éducateurs, depuis sept ans. C'était vraiment inespéré. Mon amitié avec les prêtres du secteur n'a commencé vraiment qu'à partir de ce moment-là.

L'amitié sacerdotale reste encore une fois quelque chose de très équilibrant. Si des prêtres vivant proches des marginaux quittent l'Église, c'est qu'ils se sentent peu compris, pas toujours respectés, dans leur type de vie, ou aussi qu'ils se prennent peut-être pour le Saint-Esprit. Dans des ministères fort éloignés des grands sillons ecclésiaux, mais au contraire tâtonnant sur des sentiers escarpés et à peine tracés, nous avons besoin d'être reconnus par l'Église, respectés et aimés. Si pas mal de prêtres que je connais avaient été soutenus, appuyés, interrogés amicalement, peut-être n'auraient-ils pas nécessairement quitté une Église dont le chef Jésus-Christ s'est révélé tout au long de sa vie loin de toutes les structures en place, proche de tous ceux et celles qui étaient considérés comme les perdus de son temps.

La vérité est dans l'Église, mais aussi ailleurs, hors institution. « Vous avez un pied dans l'institution et un pied dehors, m'a dit un jour un évêque. Gardez bien les deux pieds où ils sont. » Je n'ai pas oublié.

Paginaux et marginaux

La société a décidé de diviser en deux ceux qui la composent : les paginaux et les marginaux.

Les paginaux, ce sont ceux qui marchent droit, pensent droit, décident de faire ce qui a été décidé pour eux préalablement : modes vestimentaires, type de nourriture, de véhicules, mode de vie, etc. Ce sont ceux qui sont à la page, qui, pour le rester, doivent se tenir au courant et, pour ça, prennent beaucoup de temps.

Les marginaux, ce sont ceux qui ont décidé, ou que les circonstances ont obligés à décider, de vivre autrement. Autrement, c'est-à-dire un peu comme des Indiens dans la ville. Les loubards, notamment, sont des marginaux fort caractéristiques. Ils ont leurs signes de reconnaissance : les tatouages, le Verlan (langue de la rue à Paris, les surnoms, etc.), leurs amis : la bande ; leurs ennemis : le flic d'abord, les adultes de tout poil, le juge ; leur territoire : un quartier extrêmement précis, bars, rues, lieux de rencontre. Leur transhumance, souvent pour chasser sur le terrain de l'autre. Leur costume : ça varie, mais ça reste très précis. Leur système de défense et d'attaque : des armes allant du canif à la grosse artillerie. Leur terrain de chasse : les appartements, la rue, d'autres bandes parfois. Leur véhicule : ceux des autres (mais volés), motos, autos, métro, train. Leur trésor : l'argent, mais pas essentiellement, des bijoux et des choses rares appréciées par eux seuls. Leur hiérarchie : un chef et chacun sa place dans la bande. Leur loi : partage de tout, solidarité dès que l'ennemi est en vue, alliance, mésalliance, condamnation (parfois à mort), des « balances ». Être tabassé par les flics est valorisant... et la prison, c'est la première Légion d'honneur.

Ils sont follement indépendants, mais prêts à toutes dépendances.

Derrière ceux qui vivent en marge, une foule de gens se cachent. Ils épousent les idées des marginaux, mais sans vivre ce que vivent les marginaux.

Un aumônier me disait un jour que ses étudiants étaient tous des marginaux. On peut le voir comme ça. J'aimerais les voir demain, bien installés dans leurs métiers, leurs pompes et leurs appartements pour le vérifier.

Au fond, ça fait bien d'être marginal. A la limite, c'est la mode... Décidément, les paginaux récupèrent tout. Mais ce qui est grave, ce n'est pas cette mode d'être marginal, qui semble séduire, c'est ce qu'on fait des marginaux. Finalement, on n'en veut pas. On les considère comme dangereux. Toutes les classes sociales les repoussent. Leur indépendance séduit, mais fait peur. La gauche et la droite se les approprient. La droite, souvent, dans les manifs, avec leurs gros bras, pour casser la gueule aux gauchistes (moyennant finance). Manque de pot, les mecs perdent vite de vue les petits gauchistes et louchent vers les flics qui sont entre les deux. Ils ont toujours une vieille dent contre eux et ne passent aucune occasion de faire payer à un C.R.S. anonyme les tabassages, eux aussi anonymes, qu'ils ont subis dans les commissariats de Paris.

La gauche ramasse un nombre étonnant de

jeunes marginaux qui semblent trouver en son sein certaines réponses à leurs aspirations. On les envoie parfois à l'armée : « Ça les mate », me dit un jour un juge. Ça m'étonnerait. Deux mois après, ils fuguent de leur caserne. Là, on a toutes les peines du monde à les faire réformer.

On essaie de les coloniser... comme on l'a fait des tribus africaines, de l'Algérie. Résultat : on les laisse exsangues en leur bouffant leur identité, leurs richesses culturelles, leurs systèmes de protection. On les parque, les centres sont faits pour ça... La prison, elle, ne fait que ramasser les morceaux épars du gars éclaté dans les centres multiples de son enfance et de son adolescence. Un bloc de glace se construit définitivement derrière les barreaux. Les débouchés de la prison : une carrière de truand assurée à cinquante pour cent. L'hôpital psychiatrique. Une vie rarement équilibrée, parfois la réussite...

Au fond, on a besoin d'eux pour « fliquer » la société... et les mettre en vedette pour contrôler tout, et nous tous. On fabrique des toxicomanes pour mieux les exterminer.

Y a-t-il un avenir pour les Indiens, enfin, pour les marginaux ?

Le terrorisme d'abord, qui est la solution kamikaze de brûler tout, saccager tout, tuer n'importe qui, n'importe quand. La violence à l'état pur du révolté qui n'a plus rien à perdre et n'en peut plus, et qui se laisse aller à fond la caisse en grillant toutes les portes de sortie derrière lui. Il n'y a rien de plus dangereux.

La défonce. Ils se réfugient dans les plaisirs extraordinaires de monter un coup... d'attaquer...

voler, agresser. Ou ils rabattent leur violence sur eux, en se réfugiant dans les produits d'évasion, tabac, alcool, drogues de toutes sortes.

Ils trouvent enfin un refuge pacifique à travers des communautés écologiques, une sexualité de groupe, un kibboutz foutoir souvent, mais où ils se sentent heureux.

L'avenir de la rue, c'est la violence ou un changement radical de société, ou notre changement, à nous, face à eux. Tout est possible si des changements essentiels dans le type de société où nous sommes s'opèrent. Tout est possible si un combat politique, cohérent, permet aux plus défavorisés de notre société et à ceux qui veulent vivre autrement d'être respectés, reconnus, aimés, aidés. Si un vrai regard d'homme et de femme, les connaissant, nous rend capables, à notre tour, de les regarder, ne plus en avoir peur, les apprivoiser et nous faire apprivoiser d'eux.

A les voir vivre et à vivre avec eux, combien j'ai repensé à toute ma formation éducatrice et ecclésiastique ! Comme j'ai appris à laisser tomber mille choses, et à croire, à croire surtout, à la solidarité, la protection d'un groupe, la tendresse, l'amitié, la pauvreté prônée par l'Évangile, et, plus que tout, au respect de l'autre. Ils sont pour moi des grands théologiens. Dieu sourd en eux, comme la source cachée au pied du rocher. Ils ne s'en aperçoivent pas. Mais cette eau qui est le meilleur d'eux-mêmes, débarrassée des scories : vols crapuleux, agressions sordides, violences incontrôlées, etc., m'apporte Dieu au fil des jours !

Combien de lettres de jeunes me demandent de s'occuper des loubards ! Ils n'en ont pas besoin. Ils sont assez grands pour se prendre en charge eux-mêmes. Ce dont ils ont besoin, c'est de rencontrer des yeux éclatants de fraternité, de mains tendues et jusqu'au bout, et d'amitiés, oui, d'amitiés à ne plus savoir qu'en faire. C'est de ça seulement et de rien d'autre dont ils ont besoin.

On les appelle les loubards, les marginaux. Ils font simplement partie de la rue, pendant un temps seulement, pour la plupart, quand on arrive à temps. Pour les rejoindre, nous avons seulement à nous identifier à eux comme à tous ceux qui souffrent de n'être reconnus par personne en ce monde.

Comme un certain Jésus, qui s'est identifié aux plus petits des romanichels, pour nous dévoiler par sa façon de naître que c'était ça finalement qui pouvait témoigner des petits. Comme un certain Jésus encore, qui est mort entre un Buffet ou un Bontemps de notre temps, pour non pas faire l'apologie de la délinquance ou du crime, mais pour nous dire jusque dans son agonie que ce sera toujours avec les perdus de tous les temps qu'on trouvera un signe, une réponse, l'ESPÉRANCE.

Être témoin

On me demande souvent : « Pourquoi ne portez-vous pas une croix ? » Je réponds toujours : « Ma croix, je la porte en moi-même, et croyez-moi, elle est plus grosse et lourde que celle que je pourrais afficher sur mon blouson noir. »

Ce n'est pas au mètre carré de soutane ou de clergyman, et encore moins à la batterie de cuisine qu'on épinglera sur ses vêtements pour afficher son christianisme, qu'on témoignera de quelqu'un. Le signe distinctif le plus profond ne serait-il pas notre regard fraternel ! Toute la lumière du monde sur notre visage.

L'autre jour, allant à la poste vers la fermeture des bureaux acheter des timbres de collection, la préposée devait avoir beaucoup de patience devant mon choix tatillon. C'était pour les mecs en taule, je demandais les plus beaux timbres. Avec une chaleur dans le regard, et quelque chose que je n'oublierai pas, elle prit tout son temps pour me montrer tout ce qu'elle avait. Je sentais que j'étais la personne la plus importante au monde pour elle. J'ai admiré sa qualité d'accueil, surtout à la fin d'une journée que je sais écrasante. Je ne sais à quelle idéologie religieuse ou politique elle appartient, mais j'ai su par son seul regard qu'elle témoignait.

Je réponds aussi aux fervents de l'affichage extérieur que les croix fleurissent actuellement sur bien des poitrines des hippies, des rockers. Amulettes , fétiches, elles témoignent de quoi ?

Quand je vois à chaque conférence des religieuses en rangs serrés et en habit, j'ai toujours quelque agressivité amicale et des taquineries à leur décocher. Je pense qu'elles le prennent bien. J'ajoute, pour être franc, que pour certains religieux et religieuses, notamment âgés, le costume extérieur peut avoir, pour eux, une certaine importance, ainsi que pour ceux dont ils s'occupent.

Quand il m'arrive de rencontrer par hasard, dans

Paris, un prêtre âgé et en soutane, je l'aborde fraternellement en lui disant : « Enfin quelqu'un qui n'a pas peur d'afficher ce qu'il est, au moins ! » Le prêtre est souvent très réconforté par cette constatation. Il repart heureux, fier d'avoir touché une ouaille et d'avoir été reconnu, grâce à sa soutane. Je leur dois bien ces quelques minutes d'amitié.

Ça me rappelle aussi, sans nostalgie, que j'ai porté la soutane sept ans, et que j'en étais fier, bien sûr, une fierté que vingt ans après je vois d'un autre œil.

Il arrive aussi qu'avec toute la horde dans le camion, on croise des religieuses (ou pingouins comme disent les mecs) [traduisons : pingouins : habit noir plus cornette — oiseau habitant en général au pôle Nord]. Le « Salut les frangines ! » lancé par les gars tombe souvent sur un silence réprobateur. Sauf une fois, où une énorme mère supérieure leur répliqua : « Salut les mecs ! », les laissant heureux et sans voix.

Être témoin, pour moi, c'est lutter et aimer là où on est, quand le Christ est au cœur de ce témoignage : quelle force ! Je ne connais pas de plus grande force parce qu'elle est invincible.

On me dit souvent : « Vous êtes un révolutionnaire ! » Je réponds « oui » dans le sens où je n'accepte aucune injustice là où je vis. C'est ça être révolutionnaire. Si on y ajoute l'amour du Christ, et pas tout seul, mais avec tous ceux et celles qui luttent dans le même sens, c'est prodigieux ce que l'on vit !

Être témoin, c'est vivre d'abord et parler ensuite et ce n'est pas moi qui le dis, c'est Luc dans les

Actes des Apôtres, chapitre I, verset 1 : « J'ai fait mon premier livre sur ce que Jésus a FAIT et ENSEIGNÉ. »

A Puebla, un évêque l'a fort bien dit à ses copains de l'épiscopat : « Frères , nous enseignons trop. Soyons des témoins. »

Jésus a fermé sa gueule pendant trente ans. Il a parlé seulement trois ans. Mais quelles paroles !... L'Évangile reste du feu parmi nous depuis deux mille ans.

Quand je compare ce petit livre de la Bible aux millions et aux millions de pages écrites par l'Église (sermons, encycliques, *motu proprio,* bulle, etc.), je me dis que, pour la plupart, elles sont tombées dans l'oubli... et que nous n'avons qu'à revenir à ces pages brûlantes de vie qu'est l'Évangile. Pages simples, vivantes et éternelles qui peuvent, seules, changer nos vies.

Lutte et aime là où tu es

Oui, la rue est mon église. Et celle-là, il n'y en a pas beaucoup qui se battent pour la prendre.

L'Église m'a envoyé dans la rue. La rue m'a appris l'Église. L'Esprit-Saint parle par mon évêque. Mais il parle aussi par la vie, le cœur et la parole des petits. L'évêque m'a fait prêtre. Mais le peuple de la rue me fait chaque jour prêtre à sa façon. Il m'a appris à lutter et à aimer là où l'Église m'a envoyé. C'est là essentiellement où je dois bâtir mais AVEC et DANS l'Église. C'est lui qui m'a appris à ne nier ni cracher sur mon identité de chrétien et de prêtre.

Les petits ont su mieux que quiconque me révéler la grandeur et la pauvreté de mon sacerdoce. La grandeur de la grâce permet à un homme de porter par tous les pores de sa peau la Bonne Nouvelle : c'est-à-dire l'Amour du Père pour tous et toutes, sans que personne en soit exclu, c'est-à-dire que chaque heure compte, que chaque faim, chaque soif de pain et d'eau, de justice et d'Amour soit rassasiée. Que toute larme et toute crainte soit prise au sérieux. Que toute joie soit partagée. Ils m'ont appris, les petits, que l'Évangile était beau, que ces trois mots « Dieu est AMOUR » étaient les trois plus beaux mots que j'ai pu trouver pour, à tout moment, me ressourcer, redémarrer neuf et repartir sans jamais me décourager.

Ils m'ont appris à vivre comme un oiseau sur la branche, c'est-à-dire à compter sur la Providence qui, je le sais, me devance toujours d'un bon quart d'heure. Ils m'ont appris à ne pas compter sur la seule santé ou la seule jeunesse... Que le fric, la puissance, la concurrence ne jouent aucun rôle, ne comptent pour rien. Ils m'ont appris qu'être chrétien, hier, aujourd'hui, demain, c'était vouloir et bâtir l'universel. Qu'il fallait que je donne ma vie au service de ceux qu'on appelle des voyous mais que je ne m'enterre pas dans un milieu, au point de ne plus voir les merveilles de Dieu autour de moi. Ils m'ont appris la tendresse et la force de Jésus.

L'Église a moins besoin d'hommes à poigne ou d'enseignants, que de témoins de la douceur de Dieu ou de François d'Assise.

Ils m'ont appris à voir la prostituée de l'Évangile,

salie par tous et prête à être tuée par ceux-mêmes qui l'avaient salie. « Allez, frappez-la, si vous n'avez rien à vous reprocher », a dit simplement Jésus. Les plus vieux se cassèrent les premiers. La vieille qui mettait son dernier sou dans le tronc du curé du Temple, alors que les autres étalaient leurs dollars et leurs billets de cinquante sacs pour bien montrer à tous ce qu'ils versaient au Temple. « C'est elle qui a le plus donné, car elle a donné tout ce qui lui restait. » C'était encore Jésus.

Zachée, ce truand, Jésus le regarde (ce passage, je le lis et relis, il est fantastique). Il descend de son arbre à toute vitesse. Il accueille Jésus et il décide de donner la moitié de ses baraques et de ses terres et promet de réparer sur-le-champ toute injustice. Ce regard de Jésus vis-à-vis de Zachée me hante souvent. Quelle merveilleuse tendresse et quelle force qui, sans rien dire, font descendre de son arbre un inspecteur d'impôts, voleur de son métier, et le changent à la seconde même...

Il conquit ainsi riches et pauvres, sans rien dire, par la puissance de son regard d'Amour qui criait de justice. Il vomit sur l'argent des riches. Mais pas sur eux. Il a méprisé leurs richesses, mais pas la personne des possédants. Il a mangé avec eux, sans en rien se compromettre. Il avait le même regard pour tous. A tous, il n'a pas demandé pareil. Au jeune homme riche sorti de l'E.N.A., il a dit : « Viens, suis-moi. Laisse tomber tes comptes en banque, tes bagnoles, tes actions et tes diplômes. ALLEZ, VIENS ! »

Le futur haut fonctionnaire est parti, tout triste. Peut-être est-il revenu après. Je préfère que ça ne soit pas dit.

Ils m'ont appris, enfoncé dans l'action jusqu'au cou, à ne pas y diluer mon sacerdoce. Vivant avec eux, j'y ai trouvé une force nouvelle pour y vivre le célibat, en comprenant que seul Dieu est fidèle et que, seul, il change les cœurs et les regards... Pas moi !

Que je suis d'abord l'homme de la prière et de l'eucharistie... et tout le reste après.

S'ils m'ont appris à aimer, ils m'ont appris aussi à durer. C'est le témoignage de la durée, le temps long passé avec eux, qui authentifie l'Amour qu'on leur porte.

Trop d'entre eux ont été aimés ou aidés très vite et ensuite jetés comme des peaux de banane. Ils ont besoin qu'on reste longtemps, car l'Amour, pour être vraiment vécu, demande de faire son trou et peut-être d'y pourrir. C'est sur ce terreau-là que la graine jaillit et porte son fruit.

Ils m'ont appris à me réjouir de la chance qu'a l'Église d'aujourd'hui, et de demain, à travers les innombrables petites communautés qui se créent partout, refusent de se laisser grignoter par le système impuissant et corrompu actuel. Elles avancent comme des fourmis, traçant leur sillon, déblayant les scories de l'inutile et des faux-semblants bâtis par la société de consommation.

J'ai la certitude qu'à travers leur combat pour aider les laissés-pour-compte de cette société à reconquérir leur dignité, ces communautés préfigurent et rendent plus crédible la société qu'elles veulent voir s'instaurer demain.

Le combat de coqs des hommes politiques de notre temps est démobilisateur et sans grand lendemain. En revanche, le combat souterrain et clair à la fois de tout chrétien et chrétienne est une formidable espérance pour l'Église et pour le monde.

Les jeunes de notre temps ne s'y trompent pas, leur passivité face à ces mille lumières risque de se changer en espérance et de les mettre en marche. Pour moi, partout où je vais, je les sens sourdre et palpiter.

Ces communautés m'ont appris une chose très importante que je vis dans ma propre équipe. « Un cri tout seul, c'est foutu d'avance. Mais si toute une communauté se lève pour défendre les pires des salauds, en proclamant qu'ils ne sont pas irrécupérables, mais que dorment en eux d'immenses possibilités et dons, alors elle est invincible, parce que le Seigneur est avec elle. » C'est en aimant assez tous les perdus de cette société qu'on apprend qu'ils ne le sont jamais. Parce que le Seigneur nous pousse à être au cœur des situations qui ne laissent souvent humainement aucune chance. Il ne nous a jamais promis le confort, mais seulement sa grâce.

Ils m'ont appris à parler de l'Église avec amour et humilité, c'est-à-dire comme quelqu'un qui est dedans, QUI SOUFFRE de la voir défigurée, qui se réjouit de sa formidable avancée depuis Vatican II et à la fois de ses lenteurs.

« Pourquoi restez-vous dans l'Église ? » est la question qui m'est posée partout par des non-chrétiens. Elle me fait mal, cette question. A en croire beaucoup, si on croit au partage, à la fraternité, à l'amour total et universel, c'est hors de l'Église qu'on peut le vivre.

Quel visage offres-tu au monde, Église, pour lui donner à croire que tu es tout, sauf ça ? Je sais que tu veux être autre. Je sais que tu es autre. Oui, je sais que tu es autre que le visage que tu offres. Je sais que tu es autre que la puissance que tu affiches. Je sais que tu es autre que les richesses que tu possèdes. Parce que je sais que tu es la face défigurée du Christ, que tu es le visage du Ressuscité et que tu portes en toi la plus grande lumière de tous les temps.

Ce sont les gars et les filles des rues de Paris qui me l'ont appris.

Prêtre des loubards oui, mais d'abord prêtre pour tous.

Achevé d'imprimer le 11 mai 1983
sur presse CAMERON
dans les ateliers de la S.E.P.C.
à Saint-Amand-Montrond (Cher)
pour le compte des éditions Stock
14, rue de l'Ancienne-Comédie, 75006 Paris

Imprimé en France
Dépôt légal : Mai 1983.
N° d'Édition : 4601. N° d'Impression : 831.
54-15-2826-08

ISBN 2-234-01183-3

H/54-2826-3